아들딸
힘들지?

아들딸
힘들지?

초판 1쇄 발행 2021. 12. 8.

지은이 장철길
펴낸이 김병호
편집진행 임윤영 **| 디자인** 김민지

펴낸곳 주식회사 바른북스
등록 2019년 4월 3일 제2019-000040호
주소 서울시 성동구 연무장5길 9-16, 301호 (성수동2가, 블루스톤타워)
대표전화 070-7857-9719 **경영지원** 02-3409-9719 **팩스** 070-7610-9820
이메일 barunbooks21@naver.com **원고투고** barunbooks21@naver.com
홈페이지 www.barunbooks.com **공식 블로그** blog.naver.com/barunbooks7
공식 포스트 post.naver.com/barunbooks7 **페이스북** facebook.com/barunbooks7

· 책값은 뒤표지에 있습니다.   **ISBN** 979-11-6545-562-0 03190

바른북스는 여러분의 다양한 아이디어와 원고 투고를 설레는 마음으로 기다리고 있습니다.

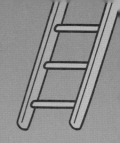

아파트 가격폭등 | 계층이동 단절 | 얇아진 중산층

아들딸
힘들지?

장철길 지음

'살기 좋은 나라'를 위한 제안서

아들딸 누구나 살 집 걱정 없고
중산층이 두터운 공정한 세상에 살게 하고 싶다!

바른북스

희망을 잃은 청년을
위로하며

온 나라가 아파트 가격폭등으로 난리가 났습니다.

'그러기에 왜 진즉에 큰 빚을 내서라도 집을 마련했었어야지 정부 말만 믿고 아파트청약을 싸게 받겠거니 기다리다가 결국엔 벼락거지가 되었다' 고 많은 이들이 자책합니다. 아파트 가격폭등에 대한 국민의 분노가 하늘을 찌릅니다.

지금 한국의 청년들은 미래에 대한 희망을 잃은 채 길거리에서 방황하고 있습니다. 청년들은 폭등하는 아파트 가격에 조바심이 나서 영끌해서 집을 사들이고, 좋은 일자리를 찾아 이리저리 몰려다니고 있습니다. 청년들이 이 사회에 발붙이고 살려고 몸부림치는 이 상황에 대해 우리는 뒷짐 지고 모르는 체해서는 안 됩니다.

지금 청년들을 괴롭히는 괴물 같은 사회를 만들어낸 장본인이 바로 기성세대이기 때문입니다. 고도성장기에 운 좋게 사회에 발을 내디뎌 본인들은 좋은 직장을 골라잡았고 내 집 마련도 지금처럼 고생하지 않았습니다. 그렇지만 요즈음 장래에 대한 불안으로 얼굴에 수심이 가득한 청년들을 대할 때마다 지금까지의 한국 경제성장을 일구어온 베이비부머의 수고는 빛바랜 훈장이 되었습니다. 이제라도 청년들의 눈물을 닦아주고 이 나라를 다시 살맛 나는 나라로 만들어야 합니다.

아파트 가격폭등은 어떻게 잡을 수 있을까요? 계층이동 사다리를 공정하게 다시 세우려면 무엇을 해야 하나요? 중산층 확대가 정부의 최우선 정책이 되어야 할 이유는 무엇일까요? 국민을 행복하게 하려면 정부조직을 어떻게 고쳐야 할까요? 혁신과 생산성 향상은 어떻게 이뤄야 하고 기업가정신을 다시 살리는 것과 원화의 국제화가 지금 왜 중요할까요? 이 모든 문제에 대해 고민한 흔적을 이 책에 담아보았습니다.

이 책을 이 나라의 장래를 짊어질 2030의 청년들과 그들의 부모인 베이비부머에게 바칩니다.

소래포구에 떠오르는 아침 햇살을 맞이하며
장철길 드림

목차

1장

아파트
가격폭등은
이렇게 잡을 수 있다

—

***

온 나라가 아파트 가격폭등으로 난리가 났습니다.

아파트 가격폭등에 대한 국민의 분노가 하늘을 찌릅니다.

왜 이렇게까지 아파트 가격이 폭등하였을까요?

우리나라의 아파트 가격폭등은 국가경제 상황으로 보아 훨씬 이전부터 예견되어 있었습니다.

(1) 아파트 가격폭등의 원인

첫째, 폭등의 가장 큰 원인은 막대한 경상수지 흑자의 누적 때문입니다.

한국은행 경제통계시스템[1]에 의하면 지난 1997년 IMF 외환위기(경상수지[2] 적자 108억 달러) 이후 1998년부터 2020년까지 22년간 경상수지 흑자로 국내로 들어온 돈이 총액으로 9,100억 달러가 넘습니다. 이 돈들을 기간별로 다시 살펴보면, 2009년부터 2013년까지는 약 2,100억 달러가 들어왔지만, 2014년부터 2018년까지는 4,300억 달러가 들어왔습니다. 갑자기 2배 이상으로 늘어났습니다.

왜 이렇게 되었을까요?

그 이유는 2013년까지는 우리나라가 순 채무국이었기 때문에 해외에서 빌려온 돈의 원금과 이자를 갚아야 했습니다. 2014년에 이르러서야 비로소 외국에 줄 돈보다 받을 돈이 더 많은 채권국으로 올라섰어요. 2014년부터 원금과 이자상환으로 해외로 지출되어야 할 돈이 예년보다 줄어들어 매년 평균 800억 달러 이상이 경상수지 흑자로 국내에 쌓이게 되었습니다. 이 중에 상당한 돈이 원화로 시중에 풀리고 이 돈들이 급기야 아파트 가격을 급등시키는 원인이 되었습니다.

경상수지 흑자가 아파트 가격급등의 원인이라는 사실에 대해 보충설명을 드립니다. 표1[3]에서 볼 수 있듯이 2012년부터 2018년까지 7년간의 경상수지 그래프와 해외직접투자 그래프 사이에 있는 면적 'A'는

---

1 ecos.bok.or.kr/mobile/
2 재화나 서비스를 외국과 사고파는 거래로 상품수지, 서비스수지, 본원소득수지, 이전소득수지로 구성된다.
3 표1: 경상수지/해외직접투자의 변화추이.

국내로 들어온 돈(경상수지 흑자)에서 국외로 나간 돈(국내기업의 해외투자)을 빼서 국내에 남아있는 돈의 크기가 됩니다. 즉 어떤 형태로든 국내에 남아있는 돈의 크기인데 7년간(2012년~2018년)에 자그마치 3,100억 달러가 넘습니다. 게다가 이 기간에 외국인의 한국투자(FDI)로 917억 달러[4]가 국내로 더 들어왔습니다. 이것을 모두 더하면 4,000억 달러가 훌쩍 넘어갑니다.

표1에서 지난 26년간을 다 살펴보더라도 최근 7년간처럼 막대한 돈이 우리 시장에 풀렸던 적이 없었습니다. 지금의 아파트 가격폭등은 이렇게 풀린 돈의 결과입니다."

● 표1: 경상수지/해외직접투자의 변화추이

---

4 산업통상자원부 외국인투자 통계자료 참조.

이렇게 풀린 돈이 어떠한 과정을 통해서 아파트 가격폭등으로 연결되는지 살펴보겠습니다. 수출하여 벌어들인 돈으로 기업들은 국내 시설투자와 제품개발비로 충당합니다. 그런데 기업들이 공장 부지를 확보한 후 시설투자와 공장까지의 진입 도로를 건설하며 제조를 위한 준비를 하는 동안 자연스럽게 주위의 부동산 가격을 밀어 올리게 됩니다.

여기에서 멈추는 것이 아니라 부동산 가격이 오를 수밖에 없는 상황을 눈치챈 사람들은 본업은 제쳐두고 목 좋은 곳의 토지와 아파트를 사재기했겠지요. 아파트 담보대출은 은행으로서는 가장 손쉽고 안전한 영업입니다. 그러다 보니 투기꾼들은 아무 부담 없이 아파트 담보로 한도까지 대출받아 또 다른 아파트를 삽니다. 이러한 투기 대열에 소외된 사람들은 주택청약예금을 들어놓고 개미처럼 저축하며 아파트 분양을 기다리는 서민들입니다. 이들이 직접적인 피해자가 된 것입니다.

나라 안에 쌓인 경상수지 흑자는 시중에 돈이 많이 풀리게 하고 국내물가를 끌어올려 기업의 수출경쟁력을 갉아먹고 기업 매출을 줄어들게 합니다. 결과적으로 실업자는 늘어나게 되고 국내에만 쌓인 경상수지 흑자는 아무짝에 쓸모도 없이 국민의 내 집 마련에 커다란 장애물이 될 뿐입니다.

그러면 어떻게 해야 이 문제를 해결할 수 있을까요?

결론은 시중에 넘치는 돈을 나라 밖으로 퍼내는 일 이 한 가지뿐입니다.

시중에 넘치는 돈을 나라 밖으로 퍼내는 것은 물가와 아파트 가격안정 그리고 수출기업의 경쟁력 제고로 연결되니까 적어도 현재의 시점에서는 일석삼조의 '신의 한 수'입니다. 게다가 아파트 가격의 안정은 청년, 신혼부부의 내 집 마련을 도와주어 '저출산'으로 고민하는 국가 문제의 해결책도 됩니다.

지금 아파트 사재기로 인한 가격거품이 점점 심각해지고 있습니다. 설마 하고 뒷짐 지고 있다가 어떤 사건을 계기로 거품이 터지는 날에는 아파트에 투자된 돈은 허공으로 사라지고 나라가 망가집니다. 1991년 버블 붕괴로 지나간 잃어버린 20년을 보낸 일본을 타산지석으로 삼아야 합니다.

아파트 가격폭등의 두 번째 원인은 아파트의 공급 부족 때문입니다.
2010년 이후부터 베이비부머[5]의 자녀세대인 에코세대[6]가 결혼하여 분가할 때가 되었습니다. 에코세대의 결혼이 아파트 가격폭등의 직접적인 동기가 되었습니다.

베이비부머인 부모로부터 곧 분가해야 할 에코세대에게 새로운 집이 당장 필요한데 정부는 아파트를 제대로 공급해주지 못했어요. 부동산 정책은 정권이 바뀌든 말든 상관없이 국민들의 주거안정을 위해 흔들

---

5 한국전쟁 직후인 1955년~1963년에 출생한 세대로서 약 700만 명이다.
6 베이비부머의 자녀세대로서 1979년~1992년에 출생한 세대로서 약 950만 명이다. 산꼭대기에서 소리치면 얼마 후에 소리가 되돌아오는 메아리 현상에 빗댄 말이다.

림 없이 추진해야 하는 정책입니다.

아파트는 국토부가 건설계획을 세우고 나서 입주민이 입주하기까지 아무리 빨라도 3~4년 이상이 소요됩니다.

그런데 정부는 늘 주택은 충분하며 아파트 가격폭등은 전부 투기꾼들 탓으로 돌리면서 새 아파트에 살고 싶은 많은 국민의 기대를 무시했습니다. 게다가 서울시의 경우는 도심재생이니 뭐니 하면서 시민들의 신축아파트에 대한 실질적인 수요를 외면했기 때문에 결과적으로 아파트 가격폭등을 방조한 것처럼 되어버렸습니다.

아파트 가격폭등의 세 번째 원인은 아파트를 사재기한 투기꾼들 때문입니다.
게다가 투기꾼들의 농간을 막기는커녕 도리어 임대사업자들에게 온갖 세제상의 특혜를 부여한 결과 150여만 채 이상의 주택이 시장에서 잠기게 되었지요. 투기꾼들의 행태와 투기방지 대책에 대해서는 조금 뒤에 설명하겠습니다.

(2) 아파트 가격안정화 방법

현재의 아파트 가격을 안정시킬 유일한 방법은 무엇일까요? 시중의 통화량을 줄이는 방법입니다. 금리 인상이 가장 먼저 떠오릅니다만 급

아들딸 힘들지?

격한 금리 인상을 해서는 안 됩니다. 급격한 금리 인상은 부풀어 오른 풍선에 바늘 끝을 대는 것과 같아서 가격거품이 꺼지며 커다란 사회문제를 일으킵니다. 그러면 통화량을 어떻게 줄일 수 있을까요?

시중에 차고 넘치는 돈을 나라 밖으로 퍼내는 것입니다. 넘치는 돈을 어디로 퍼내야 할까요?

첫째, 해외투자를 늘리자.

가) 해외 직·간접 주식투자를 늘리자.

정부는 지난 2016년 2월부터 개인의 해외주식간접투자 전용펀드(ISA 계좌, 일반형)의 판매를 허가했습니다. 2021년 1월 현재 1인당 3,000만 원까지 납입이 가능합니다. 이러한 해외주식간접투자 납입한도도 현재 연간 1인당 3,000만 원에서 3억 원으로 5년간 최대 15억원으로 크게 상향할 것을 제안합니다. 또한 순소득의 비과세 한도도 1억 원까지 크게 상향했으면 합니다. 이렇게 해야 하는 이유는 시중에 차고 넘치는 돈을 최대한 나라 밖으로 퍼내기 위함입니다.

다만 이 펀드의 판매 기간을 1년 단위로 하여 경상수지 흑자 규모의 증감에 따라 간접투자 납입 한도의 금액도 매년 조정할 필요는 있습니다. 펀드의 판매 기간은 1년 단위로 하고 가입한 펀드의 유지 기간은 최소 3년 이상의 단위로 합니다. 이렇게 해서 경상수지 흑자로 시중에 돈이 넘치면 그 돈을 해외로 퍼냈다가 경상수지가 적자로 돌아서면 투자한 돈이 다시 국내로 들어오도록 유연하게 관리해야 합니다. 이렇게 관리해야 하는 궁극적인 목적은 오로지 물가안정과 아파트 가격의 안정을 통해 국민의 안정된 삶을 보장해주고자 하는 것입니다. 국민의 안정된 삶을 지켜주는 것만큼 정부가 해야 할 일로서 중요한 일은 없습니다.

이렇게 되면 해외주식투자로 투자자가 돈을 벌고 나라에는 세금 수입이 늘어나도 국내 물가는 영향받지 않고 아파트 가격은 안정됩니다. 그리고 대한민국은 해외자산을 크게 축적하면서 부자 나라가 됩니다.

요즈음 해외에 직접 주식투자하는 개인(서학개미)들도 폭발적으로 늘어나고 있습니다. 이들은 원화를 외화로 환전한 후에 주식매매를 하고 매년 매매차익의 22%를 양도소득세로 신고납부하고 있지요. 1인당 연간 250만 원의 매매차익까지는 비과세로 하고 그 이상의 이익에 대해서는 22%의 양도소득세를 내야 합니다. 연간 1인당 250만 원의 이익까지의 비과세 한도도 1억 원의 이익까지 확대하기를 제안합니다.

서학개미들이 돈을 벌도록 길을 열어주면 시중에 넘치는 돈은 나라 밖으로 빠르게 빠져나갑니다. 그러면 시중의 통화량도 줄어들어 아파트 가격도 하향 안정화되니까 서민들의 내 집 마련에 도움이 됩니다.

또한 서학개미들은 자신의 이익을 위해 투자를 하지만 동시에 자신도 모르게 애국하는 셈입니다. 그들이 환차손의 위험을 감수하고 원화를 외화로 바꾸어 외국주식을 사는 순간, 시중의 유동 자금을 해외로 퍼내니까 적어도 지금의 우리나라 상황에서는 아파트 가격폭등의 불을

20

끄는 고마운 소방사입니다. 그것뿐이 아니지요.

국제금융위기가 발생하면 외국 투자자들이 일시에 한국주식과 채권을 팔면서 원화 환율이 폭등합니다. 그런데 서학개미들은 외국인 투자자와 정반대의 입장에 서있습니다. 원화 환율이 폭등하면 환차익이 기대되니까 해외주식을 팔고 외화를 원화로 환전하려 하겠지요. 그러므로 서학개미의 투자행태가 국제금융위기 발생 시에는 도리어 원화 환율의 방파제 역할이 됩니다. 그러므로 정부는 서학개미들의 투자이익에 대한 비과세 한도를 연간 1~2억 원으로 크게 확대하여 해외주식투자를 장려해야 합니다.

왜냐하면 서학개미들의 투자금액이 많아지면 많아질수록 유사시에 원화 환율의 방파제로서 작용하여 외국 투자자들의 투자행태를 간접적으로 견제하는 기능도 됩니다.

정부는 2023년도부터 국내주식에 투자하는 개인투자자에게도 주식 양도차익에 대한 과세를 예고하고 있습니다. 국가운영을 위해 조세 확보 차원에서 이러한 과세는 타당하지만 이 과세정책도 아파트 가격이 내려가고 서민들의 주거안정이 이루어지는 것을 보아가며 서서히 시행하기를 제안합니다. 아무튼 2023년도에 이 제도를 시행하는 것은 시기상조이며 도리어 주식투자자들을 아파트 투기자가 되라고 등을 떠다미는 결과가 될 수도 있습니다.

정부는 개인과 기업의 투자자들이 나라 밖의 투자에 관심을 갖도록 홍보와 교육 그리고 정책적인 뒷받침을 해주어야 합니다. 기업과 개인의 해외주식 직접투자와 간접투자 펀드의 투자 한도는 매년 경상수지 흑자 규모에 연동하여 항상 주택 가격안정과 물가안정 기조에 도움이 되는 방향으로 조정해야 합니다.

나) 기업들의 해외 직접투자를 적극 지원하자.

기업들의 해외투자를 활성화하자고 주장하면 어떤 이들은 국내에 실업자들이 넘치고 좋은 일자리가 없는데 기업들이 해외로 나가면 국내경제가 무너진다고 화를 냅니다. 그러한 분들에게 다른 선진국에는 없는데 국내에만 있는 수많은 규제들의 독소조항들을 먼저 철폐하는 것이 순서가 아니냐고 도리어 묻고 싶습니다. 그 독소조항들 때문에 기업들이 리스크를 안고서 해외에서라도 살길을 찾으려고 나가는데 그러한 착잡한 마음을 아느냐고 묻고 싶습니다. 이미 우리나라는 OECD 국가 중에서도 고임금 국가입니다. 일반 소비재나 생활용품을 제조하기에는 중국, 베트남, 인도 등 개발도상국과의 가격경쟁에서 이길 수가 없습니다.

우리의 제조업체가 살아갈 수 있는 길은 부가가치가 높은 제품을 높은 생산성으로 만드는 것과 그다음으로 우리가 할 수 있는 방법이라고는 해외 유망 기업이나 부동산이나 특허 등 지적재산권을 사서 미래의 먹거리를 확보하는 방법뿐입니다.

기업들의 해외 직접투자 한도를 어느 정도로 하면 좋을까요?

아파트 가격의 안정화를 목적으로 한다면 매년 경상수지 흑자분 정도의 돈을 나라 밖으로 퍼내는 것이 좋습니다. 나라 밖으로 퍼낸 돈으로 외국기업을 M&A 하거나 지분투자를 하거나 외국부동산 등 인프라에 투자하거나 외국 금융회사를 인수하거나 해서 대외순자산을 착실히 쌓아가야 합니다. 돈이 나라 밖으로 나가는 이상 국내부동산에 투자될 절대 금액이 줄어들게 되고 그러면 아파트 가격이 안정됩니다.

외국의 어느 분야로 돈을 퍼내야 할까요?

우리의 미래의 안정된 삶을 위해 투자자금에 손실이 없으면서 성장이 보장되는 분야에 투자해야 합니다.

지구온난화로 인한 기상재해가 우리의 삶을 전 방위적으로 위협하고 있는 이때에 이러한 위협을 해결할 수 있는 분야로 우선적으로 투자되어야 합니다. 가장 먼저 관심을 가져야 할 분야가 식량과 에너지 분야입니다.

기후 변화와 기상 재해로 농작물이 피해를 입어 수확이 줄어들 수밖에 없을 것입니다. 기후 변화에 따른 잦은 기상재해로 브라질과 호주, 인도, 중국, 태국, 베트남 등 농업국에 가뭄과 홍수가 빈발하여 농산물의 생산이 크게 줄어드는 반면에 인구가 많은 중국과 인도와 인도네시아의 소득수준이 높아지고 있습니다. 이에 따라서 전 세계적으로 농산물의 수요는 꾸준히 증가하게 되니까 세계적인 식량 부족에 처할 위험이 점점 높아지고 있습니다. 이러한 상황에서는 언제든지 식량 파동이 일어날 수 있고 이로 인한 곡물 가격 급등은 모든 사람의 삶을 위협하게 됩니다. 이로 인해 식량 파동이 일어날 가능성에 대해 좀 더 자세히 살펴보면 아래와 같습니다.

우리나라는 2021년 현재 식량안보에 취약한 상태에 놓여있습니다. 유가가 상승하면 자가용 대신에 대중교통을 이용할 수 있지만 식량 파동이 일어났다고 해서 밥을 조금만 먹을 수도 없습니다. 우리나라의 식량 자급률은 50% 미만에 불과하고 식량안보 지수로 보면 세계에서 29위로 OECD 국가 중에서 하위에 그치고 있습니다.

유가 폭등은 국민의 불만에 그칠 수 있지만 곡물 가격폭등은 대개 소요 사태나 폭동으로 이어지게 됩니다. 곡물을 수입에 의존하느라 식량안보가 제대로 안 되어있는 상태에서 세계적인 식량 파동을 갑자기 맞닥뜨리면 우리나라의 경제는 마비가 될 수도 있습니다. 기근은 갑자기 닥쳐옵니다. 기후 변화와 기상 재해 때문에 전 세계적으로 식량 부족 사태가 일어날 수도 있습니다. 이에 대비한 충분한 식량 확보는 국가안보 차원으로 시급하게 다루어야 합니다.

왜냐하면 첫째, 기후 변화와 지구온난화 때문에 이상 폭설, 가뭄과 사막화와 자연적으로 산불발화, 식수 부족과 홍수가 점점 더 일상화되고 있습니다. 이는 세계적으로 농업에 어려움을 가져다주고 게다가 개발도상국과 저개발국가에서의 인구 폭증은 식량 파동이 일어날 수밖에 없을 것임을 분명하게 가리키고 있습니다.

24

둘째, 탄소 중립과 관련해서 서구 선진국과 중국과 인도 같은 개발도상국 사이에 입장 차이가 분명해서 탄소 제로화를 이루려는 인류의 희망을 쉽게 달성하기가 어렵습니다.

2019년도 탄소 배출량의 순위를 국가별로 보면 중국, 미국, 인도, 러시아, 일본, 이란, 독일, 인도네시아, 한국, 사우디입니다. 전체 탄소 배출량에서 국가별로 차지하는 비율을 보면 중국(36%), 미국(19%), 인도(9%) 순입니다. 한국(2%)은 9위에 해당합니다.

중국과 인도와 다른 개발도상국들은 선진국에 도달하지도 못한 상태로 서구에서 요구하는 탄소 중립 정책을 따라간다는 것은 쉽지 않습니다. 저개발국의 정치지도자들에게 있어서 탄소 제로를 위해 화석연료 사용의 포기는 경제성장을 포기하는 것과 같아서 이것을 자국민에게 설득하기가 어렵습니다. 정치지도자의 입장에서는 마치 막다른 장벽에 부닥치는 것과 같습니다. 중국과 인도는 전 세계인구의 1/3이지만 탄소 배출량은 거의 절반에 가깝습니다. 따라서 개발도상국들은 탄소 중립에 소극적으로 나올 수밖에 없고 도리어 자국의 탄소 중립을 이루려면 서구 선진국의 재정적인 지원을 요구하고 있습니다.

2021년 11월 1일 영국 글래스고에서 열린 제26차 유엔기후변화협약 당사국 총회(COP26)에서 한국은 2030년까지 2018년보다 탄소 배출량을 40%를 줄이겠다고 약속했습니다. 매년 4.17%씩이나 줄여야 하는 목표로 평균 2% 미만인 EU에 비해서 지나치게 높은 목표를 정한 것이라고 국내기업들은 볼멘소리를 내고 있습니다.

 탄소배출 1위, 3위, 4위 국가인 중국, 인도, 러시아는 이번 회의에 참석하지도 않았습니다. 탄소 중립과 관련해서는 각국이 자국의 이해에 따라 움직일 수밖에 없습니다. 이와 같은 이유로 결국은 탄소 제로화에 대한 인류의 일치단결된 행동은 기대하기 어렵기 때문에 결과적으로 기상 재해는 갈수록 더 잦아질 수밖에 없을 것임을 보여줍니다.

 각국이 합의해도 실제로 탄소배출을 줄이고 친환경 에너지로 충분한 전력을 얻는 것도 쉽지 않습니다. 화석연료에 의한 전기 생산이든지, 신재생 에너지이든지 탄소 중립의 추세에 따라 전기 요금의 인상은 피할 수 없을 것입니다. 연료비와 곡물 가격의 상승이 예상되는 상황에서 국가 차원에서 식량 확보를 서두르지 않으면 갈수록 재정적인 부담만 커져가게 됩니다.

 따라서 정부는 식량안보 차원에서 어떻게 해야 선제적으로 식량을 확보하고, 대체 식량을 개발할 것인가를 시급하게 고민하고 준비해야 합니다. 대체 식량을 개발하는 업체[7]에 선제적으로 지분투자 하는 것도 필요합니다. 미래에셋은 식물성 고기를 개발하는 미국 대체육(代替肉) 전문 벤처기업인 '임퍼시블 푸드(Impossible food)'에 2차에 걸쳐 총 4,500억 원을 투자하여 지분 10%를 확보한 주요 투자자가 되었습니다.

---

[7] '미래에셋 대체육(代替肉) 벤처에 3천억 투자' "매일경제" 기사(2021년 8월 24일)

또한 해외부동산 투자로 포스코 인터내셔널이 우크라이나에 보유하고 있는 곡물 터미널에서 밀 7만 톤을 국내로 첫 수입한 것[8]은 식량안보 차원에서 칭찬받아 마땅할 일입니다.

곡물 자급률이 50%에 못 미치는 우리나라는 쌀의 자급률은 83%이지만 기타 곡물들은 아주 낮습니다. 지금 코로나19로 인해 전 세계 22개국의 주요 곡창지대에서 자국의 식량 수출 제한 조치를 시행하고 있습니다. 이러한 상황에서 미래에 필요한 식량의 확보를 위해서 정부는 전 세계의 주요 곡창지대의 가까운 항구에 곡물 터미널을 확보하고 운영하는 사업에 선제적으로 투자에 나서야 합니다.

5,200만 국민의 식량을 확보하는 데 있어서 미래에셋이나 포스코 인터내셔널 같은 민간회사의 사업으로만 맡겨두어서는 안 됩니다. 경상수지 흑자로 국내에 쌓인 돈을 가지고 식량과 에너지 확보를 위해 적극적으로 해외부동산과 국제적인 기업들을 사들여야 합니다. 또한 정부에서 동남아시아의 여러 나라와 합작으로 농지를 개간하거나 토지를 장기간 빌려 우리의 영농기술과 현지인의 노동력으로 경작한 식량을 국내로 들여오는 준비도 필요합니다.

전기차 시대가 막이 오르고 기후 환경 보호 차원에서 탄소 제로화에 동참하는 분위기가 전 세계적으로 일어나고 있습니다. 그렇지만 우리

---

8 '포스코 인터내셔널, 우크라이나에 자사곡물터미널 확보' "매일경제" 기사(2020년 10월 23일)

의 일상생활은 여전히 석유와 천연가스의 힘으로 지탱하고 있으며 향후 20~30년 정도는 '원자력과 석유와 천연가스'를 대체 할 주요 에너지원은 찾기 힘들 것입니다. 계절과 날씨와 바람에 영향을 받는 태양광과 풍력 같은 에너지는 보조 에너지에 불과합니다. 주 에너지로서 취급받을 수 있는 에너지원은 여전히 원자력과 석유와 천연가스입니다. 따라서 이러한 에너지를 확보하고 저장할 시설투자에 국내에 쌓인 경상수지 흑자를 사용해야 합니다. 식량과 에너지 저장 시설에 투자하여 재난 발생 시의 국가적인 필요에 대비해두어야 합니다.

식량, 에너지, 물류센터, 항만, 공항 터미널, 바이오, 백신, 생명과학, AI, 빅데이터 산업 등 국가안보와 국민생명보호에 연관 있는 분야에 직간접으로 투자해야 합니다.

해외부동산 투자에 있어서 부실투자를 막기 위해서는 현지 자산의 실사와 리스크 평가를 철저히 해야 합니다. 경우에 따라서는 국제적인 부동산 평가기관의 자문을 받아 진행하는 것이 좋습니다.

우리나라는 최근에 이르러서야 본격적으로 해외투자에 나서는 입장에 있습니다. 그동안 물론 대기업들이 해외에 자사 공장을 설치하고 생산하는 투자들은 많이 해왔지만 외국기업을 인수하고 해외부동산과 시설에 투자하는 것은 최근에 늘어나고 있습니다. 그렇다 보니 해외투자 경험이 풍부한 내국인 전문가가 턱없이 부족합니다.

따라서 해외투자 전문가의 양성 과정을 정부 주도로 신설하여 인재를 양성하여 기업을 지원할 필요가 있습니다.

이렇게 투자된 대외순자산은 그 자체로 국가의 미래의 필요에 대한 준비임과 동시에 현재의 국가운영에도 크게 도움이 됩니다. 대외순자산이 쌓이면서 소득세와 법인세가 늘어나게 됩니다. 늘어나는 세수(稅收)로 국가재정에 여유가 생기면 결혼을 앞둔 청년들과 40~50대 무주택자들의 주택 마련을 직·간접적으로 지원할 수 있습니다.

"소도 비빌 언덕이 있어야 일어난다."라는 속담이 있습니다.

모든 국민이 자기 집 마련하는 데 있어서 나라가 비빌 언덕이 되어줄 수 있다면 이것이야말로 국가가 국민을 위해 해줄 수 있는 최고의 복지입니다. 국민 누구나 내 집 걱정이 없게 된다면 그동안 내 집 마련에 저축하던 돈을 자녀교육이나 자기계발, 문화 등에 소비할 수 있으므로 자동적으로 중산층 이상의 삶을 누리게 됩니다. 이렇게 되면 대한민국이 선진국의 안정된 삶을 보장하는 나라, 살 맛 나는 사회로서 번영을 지속할 수 있습니다. 아파트 가격을 안정시키기 위하여,

둘째, 다주택 보유자에 대한 보유세는 더 강화하고, 양도세는 인하하되, 일정 수량 이상의 다주택 보유에 대해서는 국가허가제를 실시하자.

주식시장에서 작전세력들이 어떤 회사의 주식을 골라 사재기해서 시장의 유통 물량을 싹쓸이하면 주가가 폭등하듯이 아파트도 마찬가지

입니다. 아파트 투기로 가격을 폭등시켜 실수요자들의 정상적인 거래를 교란하는 행위는 제재받아야 마땅합니다. 실수요자들의 거래 질서를 심각하게 훼손하기 때문입니다. 이것은 마치 시중의 쌀을 매점매석하면 범죄로 다루어서 처벌하고 정부에서 강제 매각명령을 내릴 수 있듯이 실거주할 의사도 없으면서 투기로 매집하는 행위에 대해 국가에서 매각명령을 포함한 강력한 처벌이 뒤따라야 합니다.

정부가 물가 관리를 위해 비축하고 있는 양곡이나 생필품은 항상 비축재고가 있어서 시장가격이 폭등하면 정부 보유물량을 출하하여 가격을 안정시킬 수 있습니다. 그러나 안타깝게도 아파트는 그렇게 할 수 없습니다. 항상 신축 재고아파트를 지역마다 보유하고 있어서 수시로 시장에 공급할 수 있는 그러한 상품이 아닙니다. 신규 아파트건설을 기획해서 최소한 몇 년이 지나야 분양과 입주할 수 있기 때문에 일반 소비재처럼 정부의 신속한 대응이 곤란합니다. 이를 노리고 투기꾼들이 시장을 교란시킨다면 정부는 투기꾼들에게 엄정한 공권력을 행사해야 합니다. 이런 일을 하라고 주권자인 국민이 정부에게 공권력을 위임한 거잖아요.

따라서 정부는 국민으로부터 위임받은 공권력을 행사하여 투기꾼들의 준동을 원천봉쇄 해야 합니다. 이러한 의미에서 투기로 매점매석한 아파트에 대해 강제 매각명령을 포함한 투기이익을 회수하는 행정 절차도 입법화하고 시행되어야 합니다. 정부는 투기꾼들을 향해서는 솜방망이를 버리고 철퇴를 들어야 합니다.

아들딸 힘들지?

투기꾼들은 대부분 갭(GAP)투자 다주택 보유자들입니다. 생계형 임대사업자들은 빌라나 연립주택 1동에 다가구를 지어 전·월세를 놓고 임대료 수입으로 생계를 꾸리는 반면에 진짜 투기꾼들은 여러 채 또는 수십 수백 채의 아파트를 전세를 끼고 갭투자 합니다. 이렇게 하여 아파트 가격 인상과 전·월세 임대료로 이익을 함께 노립니다. 이들은 아파트 가격 인상에 따른 담보 가치상승으로 은행대출을 한도까지 더 받아 계속 아파트를 사고팔아 이득을 취합니다.

그들이 이렇게 투기활동을 하는 동안 아파트 가격은 계속 오릅니다. 이로 인해 순진하게 저축하여 내 집 마련하려는 실수요자들은 오르는 집값을 따라잡지 못해 결국은 피해자가 됩니다. 내 집 마련하려는 실수요자들이 벼락거지가 되어 전세에서도 쫓겨나 월세로 전전하는 동안 우리 사회의 불만 세력이 되며 사회통합에 걸림돌이 됩니다.

정부는 투기꾼들에게 특단의 조치라도 내려 투기의 거품을 일으키는 요인을 원천적으로 차단해야 합니다. 만약에 방치해두었다가 국제적인 금융위기라도 닥쳐서 거품이 터지면 그 책임은 온전히 정부 관료들에게 있습니다. 지난 1997년 같은 외환위기가 또다시 닥치지 않도록 정부의 선제적이며 강력한 정책이 시급하게 필요한 시점입니다.

또한 기업들이 장기적으로 보유하고 있는 비업무용 토지가 부동산 투기의 원인을 제공하기도 하므로 기업들이 제출한 투자계획서대로 시설투자 하도록 독려해야 합니다. 현장을 실사하여 투자 지속 가능성이 없는 비사업용토지는 강제 매각하게 하거나 인가 또는 허가를 회수해서 본업과 상관이 없는 기업의 부동산 투자를 제한해야 합니다.

일정 수량의 다주택 보유(부부 1가구당 4채 이상 소유)에 대해서는 국가허가제를 실시할 것을 제안합니다. 부모와 자녀로 구성된 3~4인 가족의 평범한 가정에 자녀들이 성장하고 분가해서 독립하는 과정이 반복됩니다. 집을 넓혀서 이사 가는 경우 새로 집을 계약했는데 이전에 살고 있던 집이 팔리지 않아서 일시적으로 2주택이 되는 경우가 종종 있습니다. 그리고 시골에 노부모가 사시던 농가주택을 자녀의 명의로 소유하고 있는 경우에는 3주택이 됩니다. 실거주 목적이라면 부부 1가구당 2~3채가 전부입니다.

그렇다면 부부 1가구당 4채 이상의 주택이 있다면 실거주가 아니라 투자나 투기목적으로 다주택을 보유하고 있다고 볼 수 있습니다. 즉 부부 1가구당 4채 이상의 주택을 소유하는 경우에는 국가로부터 허가를 받도록 하는 것입니다. 4채 이상의 다주택을 보유해야 하는 사유를 정부에 제출하고 심의를 거쳐서 타당성이 인정되면 주택 구입을 허가하는 제도입니다.

이러한 제도를 시행함과 동시에 기존에 4채 이상의 주택을 보유한 가구에 대해서는 정부에서 기간을 정하여 매각명령을 내립니다. 기간 내에 매각하지 않을 시에는 다주택 보유에 따른 보유세의 중과조치로 다주택 보유가 크게 부담될 정도의 보유세를 부과하면 시장에 매물로

아들딸 힘들지?

나오게 될 겁니다. 물론 이때에 양도소득세는 완화하여 시장에 매물로 나오도록 종용해야 합니다. 지금처럼 양도소득세도 높고, 보유세도 높으면 시장에 주택매물이 나오지 않고 매물이 잠기게 됩니다. 또한 보유세 부담을 전·월세 세입자에게 전가하기 쉬워서 도리어 전·월세 가격 인상으로 연결되어 현재와 같은 제도는 실효를 거두기 어렵습니다.

현재와 같이 보유세와 양도소득세가 함께 높아서 결국에는 가족끼리 증여하므로 아파트 가격안정에 도움이 되지 않습니다. 정부는 다주택 보유자들이 자기 보유의 아파트를 시장에 내어놓지 않으면 안 될 상황을 만든 다음에 양도소득세를 인하해야 시장에 매물이 나옵니다. 다주택 보유자들이 시장에 아파트 매물을 내어놓을 수밖에 없는 상황이란 그들이 아파트나 토지를 담보로 은행으로부터 받은 대출금을 일시에 회수하는 방법입니다. 이에 대해서는 바로 이어서 추가설명을 드립니다. 아무튼 정부는 투기꾼들에게 그들이 가야 할 출구를 보여주고 국가의 정책에 따르지 않으면 커다란 손실을 보게 된다는 것을 깨닫게 해야 합니다.

셋째, 다주택 보유자들의 아파트나 토지를 담보로 제공되었던 대출을 회수하자.

정부가 현재 시가 15억 이상의 아파트에 대해서는 대출을 끼고 사는 것에 대해서 금지하고 있습니다. 아파트 가격안정을 위해서는 아파트 담보대출을 받아 계속 아파트를 매집한 투기 세력을 없애는 것이 시급합니다. 그러기 위해서 법인과 개인을 상관하지 않고 다주택 보유자들에게 제공되었던 은행대출을 회수해서 이들의 아파트 물량이 시장으로 나오도록 유도해야 합니다. 은행대출을 회수하면 대출금을 갚기 위해 보유 중인 아파트를 매물로 내어놓을 수밖에 없고 그러면 아파트 가격이 안정됩니다. 이 정책을 시행할 때에는 대출금 회수 기간을 아주 짧게 해야 합니다. 3~6개월로 기간을 설정하여 대출금을 회수하면 아파트 담보로 한도까지 대출받은 아파트부터 시장에 매물로 나오게 됩니다. 이 정책의 시행과 동시에 양도소득세를 인하해서 다주택 보유자들의 아파트가 실수요자들에게 돌아가도록 해야 합니다. 다만 아파트를 지어서 임대를 전업으로 사업해왔던 건설 임대업자는 당연히 대출금 회수 대상에서 제외되어야 합니다. 이들은 서민들을 위한 전·월세 주택 공급이 사업목적이므로 대출금을 회수해서는 안 됩니다. 우리나라 국민은 자기 집 소유에 대한 열망이 강합니다. 따라서 임대 목적이던 아파트를 분양으로 전환하도록 허용하되 분양 전환에 따른 아파트 평가 이익을 임대회사와 입주민 사이의 분양가 조정에 있어서 가능한 한 입주민이 자기 집 마련에 적절한 혜택이 돌아가는 방향으로 정부가 개입하되 합리적인 규정을 마련해서 시행해야 합니다. 정부는 이렇게 해서 희망하는 국민이 모두 자기 집을 마련할 수 있도록 도와주어야 합니다.

넷째, 청와대 직속의 '부동산 감독원'을 신설하여 부동산투기를 차단하자.

금융시장의 안정적인 관리를 위해 '금융 감독원'이 있듯이 부동산 시장의 안정적인 관리를 위해서 '부동산 감독원'이 반드시 필요합니

아들딸 힘들지?

다. 법인과 개인의 다양한 부동산투기로 부동산 시장이 혼탁해지고 서민들은 살 집을 찾지 못해 고통을 겪고 있습니다. 이러한 현실을 감안하여 특별사법경찰권(특사경)을 가진 '부동산 감독원'이 부동산 투기꾼들과 각종 탈법, 편법을 조장하는 기획부동산들을 적발하여 신속히 처벌해야 합니다. '부동산 감독원'을 국토부 산하조직으로 두기보다 청와대 직속의 조직으로 두어 정권의 명운을 걸고 대통령이 책임지고 부동산 시장의 안정을 이루도록 해야 합니다.

국민의 삶을 직접 위협하는 이 사회의 암적인 존재인 부동산 투기꾼들을 척결하는 일은 대통령이 직접 나서서 해결해야 할 만큼 가장 중요한 과제가 되어버렸습니다. 아래의 부동산투기 행위의 백태는 신규 설치될 '부동산 감독원'에서 상시 감독하에 부동산투기를 근절시켜야 할 항목입니다.

＊ 부동산 투기행위의 백태＊
 － 기획부동산의 허위과장광고로 투기 조장과 사기 행위.
   개발 예정에 없는 토지를 싸게 사들인 다음 조만간 개발될 것처럼 속여서 토지의 지분을 잘게 쪼개서 비싸게 파는 행위.
   피해 예방대책: 정부의 개발 예정이 없는 토지는 잘게 쪼개서 분할하는 지분등기 자체를 법적으로 금지한다.
 － 허위계약서 작성으로 양도소득세 포탈 행위.
 － 위장증여, 가등기, 근저당설정의 방법으로 미등기 전매 행위.
 － 주택청약통장 매입, 매도 및 이의 알선 행위.
 － 외지인으로서 위장 전입하여 부동산투기 행위.

- 사설 부동산펀드와 동호회를 구성하여 몰려다니며
  아파트 사재기하는 행위.
- 중개업자가 부동산을 직접 매매하는 행위.
- 미등록, 명의대여로 부동산 중개하는 행위.
- 개발제한구역 내 차명으로 토지 취득하여
  부동산실명법 위반 행위.
- 이중계약서 작성하고 차명계좌로 자금세탁 하는 행위.
- 분양권 불법전매행위.
- 임대보증금형식의 편법증여 행위.
- 가족 간에 저가양도에 의한 편법증여 행위.
- 가족 간에 금전거래로 편법증여 행위.

2장

계층이동 사다리는 반드시 복원되어야 한다

―

✳✳✳

　사람들은 누구나 신분 상승의 욕구가 있습니다. 이 욕구는 자연스러운 것으로서 이것이 개인의 발전은 물론 국가발전의 원동력이 됩니다. 신분 상승을 위해 위의 계층으로 올라갈 도구가 바로 계층이동 사다리입니다. 이 도구는 교육을 받거나 승진을 하거나 직업을 선택함에 있어서 차별받지 않고 공정하게 누릴 수 있는 권리이어야 합니다. 국가는 국민이면 누구에게나 이러한 권리를 보장해야 합니다.

　이 계층이동의 사다리의 권리를 공평하게 누릴 수 있는 사회가 건강한 사회입니다. 계층이동이 원활할 때에 활력이 넘치는 사회, 발전하는 사회가 됩니다. 아무리 노력해도 자기 세대는 물론이고 자녀 세대에 이르기까지 가난에서 벗어날 희망이 없는 사회는 정말로 끔찍한 사회입니다. 이러한 사회는 병든 사회이며 살맛 나는 사회일 수 없습니다.

　계층이동이 막힌 사회는 사회를 불안하게 하여 결국은 피를 부르는

혁명으로 불행한 결말을 맞이했다는 사실을 지나간 역사에서 수없이 보아왔습니다. 우리나라 동학혁명이나 프랑스 혁명의 직접적인 배경을 살펴보면 다음과 같습니다. 특권적인 신분사회에서 한 푼의 세금도 내지 않는 양반과 귀족 같은 특권계급이 농민들을 수탈하였고 이를 견디다 못해 결국에는 특권층의 착취를 거부하고 무력으로 막는 과정에서 피의 혁명이 일어난 것입니다.

조선 시대에 부패한 관리들이 저지른 백성들에 대한 착취는 삼정(三政)의 문란[9]으로 극에 달했습니다. 그중에 특히 심했던 것은 환곡(還穀)[10]을 빙자한 착취였습니다.

다산 정약용 선생의 '여름날 술을 마시며(夏日對酒)'의 시[11]를 보면 다음과 같습니다.

농가엔 반드시 식량을 비축하여
삼년이면 일년치를 비축하고

구년이면 삼년치를 비축하여
곡식 풀어 백성 먹여 살리는 건데

---

9 삼정(三政)은 국가재정의 기본을 이루는 전세(田稅), 군포(軍布), 환곡(還穀)을 말한다.
10 환곡은 원래 보릿고개의 농민들에게 정부 양곡을 빌려주고 가을 추수 때에 10%의 이자를 붙여서 받아 빈민구제와 물가조절 기능도 갖는 좋은 제도이지만 부패한 지방 관리들의 폭정으로 농민들이 수탈당하여 농토를 버리고 유리걸식하며 사회 불만 세력으로 동학혁명 농민군이 되었다.
11 "다산 정약용의 시" 정약용 지음. 퍼플출판사. '여름날 술을 마시며(夏日對酒)

한번 사창(社倉)[12] 된 후로
불쌍하게도 수많은 목숨 떠돌이 됐지

빌려주고 빌리는 건 두 쪽이 다 맞아야지
억지로 시행하면 그건 불편한 거야

천하 백성이 다 머리 흔들지
군침 흘리는 자 한 명도 없어

봄철 좀먹은 것 한 말 받고
가을에 정미 두말을 갚는데

더구나 좀 먹은 쌀값 돈으로 내라니
정미 팔아 돈으로 낼 수밖에

남은 이윤은 교활한 관리 살찌워
환관 하나가 밭이 천 두락이고

백성들 차지는 고생뿐이어서
긁어가고 벗겨지고 걸핏하면 매질이라

---

12   조선 시대 각 지방 군현의 촌락에 설치된 곡물 대여기관으로 빈민구호기관의 성격을 가졌다.

가마솥 작은 솥을 모두 다 내놨기에
자식이 팔려가고 송아지도 끌려간다네

환곡제도는 춘궁기(春窮期)에 빈민들을 구제하고 물가조절 기능으로 활용하기 위해서 만든 제도였습니다. 그러나 부패한 관리들과 아전들의 농간으로 백성들을 수탈하는 폐해가 극심하여 흉년이 들어도 관가에 와서 곡식을 빌려 가는 사람들이 아무도 없게 되었습니다. 그러자 아전들이 백성들에게 곡식을 강제로 빌려주고 강제로 거두어들이는 일까지 벌어졌습니다. 이마저도 뒤에는 아예 쌀을 빌려준 적도 없으면서 나라의 관리라는 자들이 마치 강도처럼 농가에 쳐들어와서는 강제로 식량을 빼앗아가는 극악의 지경까지 이르고야 말았습니다. 이래서 농민들은 자기 집과 논밭을 버리고는 산에 들어가 화전민이 되거나 도적 떼가 되어 유리걸식하다가 동학운동이 일어나자 동학군이 되었던 것입니다.

다산 정약용 선생은 그가 유배되어 있던 전남 강진에서 목격한 실상[13]에 대해서 이렇게 말하고 있습니다.

"내가 다산(茶山)에 거처하면서 관창(官倉)[14]으로 가는 길을 내려다보기를 이제까지 10년인데 시골 백성이 곡식 짐을 받아지고 지나가는 자를 일찍이 본 일이 없다. 한 톨의 곡식도 일찍이 받아온 일이 없는데도

---

13 "시로 읽는 다산의 생애와 사상" 송재소 지음. 250p
14 각 지방관청에서 관리하는 쌀 보관 창고이다.

겨울이 되면 가호(家戶)마다 곡식 5, 6, 7석(石)을 내어 관창(官倉)에 바치는데, 그러고서도 다시 되돌려 받는다는 환상(還上)이라 부르는 것 또한 부끄럽지 아니한가."

다산 선생은 환곡(還穀: 나라에서 백성에게 빌려주었던 곡식을 되돌려 받음)이 결국 명목 없는 조세로 국가에 의한 강탈이나 다름없이 타락하였다고 고발하고 있습니다. 한때에 암행어사로서 지방을 시찰하기도 했던 다산 정약용 선생은 "목민심서"[15]에서도 지방의 수령들을 관리해야 할 감사조차도 환곡으로 쓸 곡식을 가지고 장사하고 있다고 한탄하고 있습니다.

"감사(監司)가 여러 고을에 물가를 보고하도록 명령을 내리고, 곡가의 높고 낮음을 알고서 장사치 노릇을 한다. (중략) 감사의 녹봉이 본래 박하지 않은데도 장사치 노릇을 하여 백성의 기름을 짜내고 나라의 명맥을 상하게 하니 딴 일이야 말할 것이 있겠는가?"

만일 당시에 관리들이 이처럼 백성들의 생계를 심하게 억압하지 않고 백성들도 자기가 노력하는 만큼의 대가를 얻도록 정치했었더라면 피의 혁명은 일어나지 않았을 것입니다.

예나 지금이나 권력과 부를 가진 자들이 서민들을 핍박하여 서민들에게도 마땅하게 주어져야 할 기회를 박탈하고 힘으로 억누르면 피의

---

15 " 정선 목민심서" 정약용 지음. 187p

혁명이 일어납니다.

그러므로 누구나 노력하는 만큼 출세할 수 있는 계층이동 사다리의 정상적인 작동은 사회 전체의 안정과 발전을 위해서 반드시 필요합니다. 계층이동 사다리는 사회의 안전판입니다. 이 안전판은 저소득층을 위해서만 필요한 것이 아니라 고소득층은 물론 국가 전체의 발전적인 통합을 위해 반드시 필요한 장치입니다.

국민이라면 누구나 모든 기회에서 '기울어진 운동장'이 없도록 공정하게 대우받아야 합니다. 어떻게 해야 사회의 안전판을 튼튼하게 세울 수 있을까요? 우리나라에서 대학입시와 직업 선택에 있어서 첨예하게 가치관의 충돌이 있습니다. 이 부분에 대해 살펴보기로 하겠습니다.

(1) 자사고와 특목고에 대해서

'10:0, 자사고 법원판결, 진보교육감 10전 전패' ("이데일리" 2021년 7월 9일)

진보 교육감들이 자사고 지정 취소의 판결에서 전패하였습니다. 고교 교육의 평준화라는 기치를 내걸고 자사고 지정을 취소하려던 것에 대해서 법원이 자사고 측에 손을 들어주었기 때문입니다.

고교 교육 평준화가 하향평준화를 뜻한다고 판단한 일부 학부모들

아들딸 힘들지?

은 학비가 3배 더 비싸더라도 자기 자녀에게 좋은 교육을 시키고 싶은 마음에 자사고를 선택합니다. 수월성 교육을 선호하는 수요층인 부모들의 선택을 나무랄 아무런 이유도 타당한 근거도 없습니다.

삼성과 하이닉스의 성공사례를 통해서 핵심인재양성을 위한 수월성 교육이 국익에 얼마나 도움 되는지 설명하겠습니다. 이 두 회사의 핵심인재(반도체 설계 및 개발과 생산품질공정 관리자)가 3,000명이라고 가정합시다.

이들이 우리나라 수출의 20%를 담당하고, 법인세의 20%를 담당하며 수십만 개의 새로운 일자리를 만들어냅니다. 이들이야말로 나라의 보물이며 존경받아야 마땅할 애국자들입니다. 반도체 분야만 예를 들었지만 우리나라의 주력산업과 성장산업인 가전, 자동차, 조선, 중공업, 화학, 화장품, 생명공학, 제약과 바이오 같은 분야에 이러한 국보급 인재들이 버티고 있기 때문에 우리나라가 세계 10위권의 경제대국으로 유지 발전되고 있는 것입니다.

인재들이 좋은 일자리를 창출하고 평범한 사람들이 그 덕분에 좋은 일자리의 혜택을 누립니다. 인재 한 명이 독창적인 아이디어로 '좋은 일자리를 창출한 결과'[16]는 상상을 초월합니다. 스티브 잡스 한 사람의 창의적인 아이디어가 13만7,000명의 애플 근로자들에게 좋은 일자리를 제공했고, 마크 저커버그 한 사람의 창의적인 아이디어가 5만9,000명의 페이스북의 직원들에게 좋은 일자리를 만들어주었습니다.

---

16 "모방과 창조" 김세직 지음. 225p~226p

이처럼 한 사람의 천재와 영재와 수재의 지혜와 노력으로 자기 주위의 수십 수백만의 사람들을 도와 그들을 먹여 살릴 수 있고 나아가서는 기업의 영속성을 보장하고 나라를 지킬 수도 있습니다. 이것이 수월성 교육을 강화해야 하는 이유입니다.

4차 산업혁명시대에 우수한 인재의 양성을 외면하는 교육정책은 국가경쟁력을 훼손하는 처사입니다. 왜냐하면 시대에 뒤떨어진 평준화 교육은 결국 국가를 이끌어 나갈 인재의 부족이라는 결론에 도달하기 때문입니다. 그렇게 되면 선진국 간의 경쟁대열에서 밀려나서 우리나라는 다시 개발도상국으로 떨어질지도 모릅니다. 이러한 점에 있어서 자사고, 특목고, 외고, 영재고등학교에서 영재를 선발해서 자유롭고 창의적으로 교육시키려는 것을 정부에서 재정적으로 지원하거나 장려는 못할지언정 정책적으로 막아서는 안 됩니다.

수월성 교육을 강화하기 위해서는 특목고들뿐만 아니라 일반고에서도 재능이 뛰어난 학생들을 골라내서 그들에게는 더 나은 교육 서비스를 제공해주어야 합니다.

우리나라가 지난 20년간 저성장의 늪에 빠져있는 것은 하향 평준화 교육으로 인한 잘못이 하나의 원인일 수도 있습니다. 따라서 정부는 평준화 교육의 폐해를 심각하게 받아들여 학생들 각 개인의 창의와 적성을 살려주는 다양한 실험을 통해 4차 산업혁명시대에 걸맞은 인재양성을 교육의 방향으로 삼아야 합니다. 그러기 위해서는 다양한 인재를

48

양성하는 교육기관들에 정책적인 지원을 아끼지 않는 것이 바로 나라가 발전하고 국민이 모두 행복해질 수 있는 길입니다.

우리나라는 현재 선진국의 견제로 인해 우리의 나아갈 길이 막혀있고 뒤에는 중국이나 인도나 다른 개발도상국들이 바짝 따라오고 있습니다. 그런데 정작 중국은 이미 우리나라를 제쳤다고 생각하고 있고, 인도도 만만하지 않습니다. 그들의 1인당 국민소득이 우리보다 낮다고 해서 그들을 무시할 수는 없습니다. 우주항공기술이나 국방력, 인구수, 자원. 영토 모든 면에서 우리가 그들보다 더 나을 것이 없습니다. 그렇다면 우리나라는 어디로 가야 할까요? 우리나라는 세계시장에서 어떻게 포지셔닝 해야 장래에 우리의 아들딸들이 행복한 삶을 누릴 수 있을까요?

우리가 의지할 수 있는 것은 인적자산밖에 없습니다.
우리는 교육에 최고의 우선순위를 두고 거국적인 투자를 하여 교육의 힘으로 양성된 수많은 인재들이 이 나라를 계속 번창시키도록 해야 합니다. 이러한 의미에서 자사고에서 수월성 교육을 하려는 것은 지극히 당연하고 바람직한 현상입니다. 세계 어느 나라치고 영재교육이 없는 나라가 없습니다. 심지어는 북한과 중국에도 영재학교가 있습니다. 사회주의 국가에서 영재교육에 더 힘을 쏟는 것은 국방력을 키우는 데 도움이 되기 때문입니다.

이스라엘의 탈피오트[17] 학생 프로젝트는 유명합니다. 고교에서 수학과 물리에서 우수한 성적을 유지하고 IQ가 상위 5% 이내이면서 조국을 향한 애국심을 가진 학생들에게 지원자격이 있습니다. 그러한 학생들 중에서 50명을 선발하여 3년 과정으로 탈피오트(견고한 산성이라는 의미)에 입교시킵니다. 탈피오트 학생들이 3년 만에 개발에 성공한 시스템으로 '아이언 돔(Iron dome)'이 있습니다. 아이언 돔은 하마스가 이스라엘을 향해서 발사하는 로켓포나 미사일, 박격포 등을 레이더로 추적하여 공중에서 격추시키는 시스템입니다. 격추 성공률이 90%가 넘습니다. 일반 미사일 방어시스템에 비해 아이언 돔은 가격이 훨씬 저렴하여 인기가 높습니다.

영재들의 집중된 훈련과 수월성 교육의 성과로 개발된 '아이언 돔' 덕분에 이스라엘 국민들은 하마스가 위협하는 로켓포에도 안심하고 지낼 수 있다니 이것이 정말 수월성 교육이 국민의 안전과 행복을 위해 또한 국익에 얼마나 도움이 되는지 증명하고도 남습니다.

자유 대한민국에서 자사고를 졸업하든지, 일반고를 졸업하든지 아니면 검정고시 출신이든지 간에 대학에 입학하는 자격에 있어서 만큼은 동등합니다. 출신과 상관없이 차별이 없이 동등한 출발선에서 경쟁하는 것이며 법적으로도 어느 쪽으로도 기울어진 운동장이 아닙니다. 그러나 법학 전문대학원 로스쿨은 그렇지 않습니다.

---

17 "이스라엘 탈피오트의 비밀" 제이슨 게위츠 지음. 윤세문 번역. 54p~67p

(2) 로스쿨에 대해서

법학전문대학원(Law School)은 기울어진 운동장의 전형입니다. 사회발전에 따른 다양한 변호사에 대한 수요가 늘어나면서 이에 대한 대응으로 법학전문대학원을 설치했습니다. 여기까지는 잘했습니다. 그러나 이곳을 졸업한 사람들에게만 변호사자격시험을 응시할 자격을 준 것 이것이 바로 문제입니다.

예전에는 사법고시를 통해 법조인을 양성해오던 것이 로스쿨이 생기면서 사법고시가 폐지되었습니다. 이것은 독학으로 사법고시를 패스하여 법조인이 되려던 사람들의 장래의 길을 강제로 막아 버린 횡포에 다름이 아닙니다.

로스쿨의 1년 학비가 1,000만 원이 넘고 교재비 등 다른 비용을 추가하면 1년에 최소한 2,000만 원으로 졸업까지 6,000만 원 이상의 돈이 필요합니다. 연 소득 3,000~4,000만 원의 서민 가정의 자녀들은 도저히 로스쿨에서 교육을 받을 수 없는 상황입니다. 즉 부유층만이 다닐 수 있는 학교인 로스쿨로 인해 그들만이 판사, 검사, 변호사가 될 수 있고 가난한 사람은 다니기 힘든 로스쿨이 되어버린 것입니다.

물론 각 로스쿨 입학에 사회적인 약자인 소외 계층을 배려하여 정원의 5~10%를 특별전형으로 선발하고는 있습니다. 기초생활보호자인 본인이나 가족과 차상위 계층의 본인이나 가족 그리고 장애인들이 이

전형에 응시할 수 있습니다. 그렇지만 이는 사법고시 폐지에 따른 반발 여론을 무마하기 위한 것으로 보일 뿐 사법고시 폐지로 말미암아 서민의 직업선택의 자유를 침해한 행위에 대해 정당성을 인정받은 것은 아닙니다.

이 로스쿨에 대해 많은 국민이 '현대판 음서제도'라고 비판하고 있습니다. 원래 음서제도는 공신들을 우대하기 위해 그들의 자녀들을 과거시험 없이 등용하여 공직에 임용하였습니다. 이 제도가 나중에는 양반 자녀들의 능력에 상관없이 일부 세도가 양반들의 고착화를 불러왔고 이로 인해 계층이동 사다리가 훼손되어 각 분야의 인재들이 등용되지 못한 결과 국력이 점점 약해졌습니다.

음서제도라는 적폐 때문에 자격을 갖추지 못한 사람이 고위 관직에 등용되어 국정의 혼란만 가중시켰고 여기에 더해서 뇌물로 관직을 사고파는 매관매직이 성행하게 되면서 백성에 대한 수탈로 연결되었습니다. 관리들의 수탈을 견디다 못한 백성들이 들고일어난 동학운동을 시작으로 조선은 망국의 길로 들어서게 되었습니다.

다산 정약용 선생이 이미 220여 년 전에 조선 시대의 신분제도의 모순을 고발한 '고시(古詩) 24수(首)'라는 시가 있습니다. 그중에 고시 제14수[18]와 제15수의 내용을 보면 다음과 같습니다.

---

18 "시로 읽는 다산의 생애와 사상" 송재소 지음. 97p~99p

아들딸 힘들지?

하늘이 어진 인재를 내려 보낼 때
왕후장상 집안만 가리지 않을 텐데

어찌하여 가난한 서민 중에는
뛰어난 인재 있음 보지 못하나

서민 집에 아이 낳아 두어 살 됨에
미목이 수려하고 빼어났는데

그 아이 자라서 글 읽기 청하니
애비가 하는 말 "콩이나 심어라

너 따위가 글은 읽어 무엇에 쓰게
좋은 벼슬 너에겐 돌아올 차지 없다"

그 아이 이 말 듣고 기가 꺾여서
이로부터 고루(孤陋)함에 젖어버리고

애오라지 이잣돈 불려나가서
중간치 부자쯤 되기 바라니

나라에 큰 인재 찾을 수 없고
높은 가문 몇 집만 제멋대로 놀아나네 (제14수)

지체 높은 집안에 아이가 나면
낳자마자 당장에 귀한 몸 되고

두어 살에 아랫사람 꾸짖는 법 가르치니
총각 때 벌써부터 오만하기 짝이 없네

아첨하는 무리들이 구름처럼 모여들어
행전(行纏)도 채워주고 버선까지 신겨 주며

"잠자리서 너무 일찍 일어나지 마십시오
행여나 병이 나면 어쩌시려오

애써서 글 읽는 일 하지 않아도
높은 벼슬 저절로 굴러온다오"

그 아이 자라니 과연 기세 드날려
말 타고 대궐에 들어가는데

달리는 말 마치 나는 용 같아
네 다리가 하나도 걸리지 않네(제15수)

서민의 자녀들은 재주가 뛰어나도 출세할 수 없는 불합리한 사회제도
가 국가 차원에서 그 손실이 얼마나 큰 것인가를 다산 정약용 선생이

54

시로 형상화한 것입니다.

다산 정약용 선생은 '통색의(通塞議)' [19] 란 글에서

"신(臣)은 삼가 생각건대 인재를 얻기 어려운 지 오래되었습니다. 온 나라의 영재(英材)들 가운데 발탁(拔擢)을 해도 오히려 부족할 지경인데 하물며 영재의 8~9할을 내버리고 있으며, 온 나라의 백성을 모두 육성하더라도 오히려 부족할 지경인데 하물며 백성의 8~9할을 내버리고 서야 어찌 인재가 나타나겠습니까. 서민이라고 등용하지 않고, 중인이라고 등용하지 않고, 관서, 관북, 해서, 개성, 강화도사람이라고 등용하지 않고, 관동과 호남사람들은 절반만 등용합니다. 북인과 남인 사람들도 결국은 등용하지 않는 것과 같습니다. 오직 수십 가구의 문벌 좋은 사람들만 등용합니다. (중략) 버림받은 사람들은 모두 자포자기(自暴自棄)하여 문학이나 정치, 경제, 군사 같은 문제에 관심을 두려하지 않고 오직 비분강개(悲憤慷慨)하여 술이나 마시면서 방탕한 생활을 합니다. 나라에 인재가 나타나지 않는 것은 이 때문입니다."라고 주장했습니다.

다산 선생의 주장대로 온 나라의 영재를 다 발탁해 써도 모자랄 판에 능력이 부족한 일부 세도가 양반들이 독식한 결과로 조선이 망했습니다.

---

19 "시로 읽는 다산의 생애와 사상" 송재소 지음. 100p
   "통색의(通塞議)" 정약용 지음. 한영우 역, 장석규 주해.
   통색(通塞): 통하고 막힘을 아는 것. 즉 득과 실을 아는 것.

이러한 슬픈 과거가 있는데도 불구하고 오늘날에 와서까지도 법조인의 직업에 가난한 집안의 자녀들은 접근하기 어려운 이상한 나라 대한민국이 되어버렸습니다.

미국의 애쓰모글루 교수와 로빈슨 교수가 쓴 "국가는 왜 실패하는가"라는 책에서 무엇 때문에 가난한 나라는 가난하고 부유한 나라는 부유한지를 설명합니다. 결론은 제도적인 차이[20]라는 것입니다. 힘 있는 사람이 다른 사람을 착취할 수 있게 제도가 만들어진 나라들은 한결같이 가난하고, 모든 사람에게 공평한 경쟁 환경을 보장하는 공공서비스가 제공되는 나라들은 부유하게 되었다는 것입니다. 쉽게 말해 정부가 자유롭고 공정한 경쟁을 보장하는 포용적 시스템을 가진 나라는 번영하고 힘 있는 사람들이 착취하는 시스템을 가진 나라는 결국에는 가난하게 된다는 것입니다. 따라서 공권력의 크기를 작게 하고 정부가 그 공권력을 자의적으로 사용하기 어렵게 제도를 만들어야 착취를 당하지 않을 수 있습니다. 이래서 작은 정부가 국민에게 필요한 것이고 국민을 행복하게 하는 것입니다. 누구나 직업선택의 자유가 있고 선택한 직업을 추구하는데 있어서 사회에서 차별이나 방해가 있어서는 안 됩니다. 직업 선택에 있어서 부자와 권력자들 쪽으로 만 기울어진 운동장이 없는지 잘 살펴서 그것들을 전부 바로 잡아야 합니다.

장래의 직업으로 의사와 판사와 검사와 변호사에 가난한 사람도 접

---

20 "자유, 평등 그리고 공정. 경제정책 어젠다 2022" 김낙회, 변양호, 이석준, 임종룡, 최상목 지음. 50p~51p

아들딸 힘들지?

근할 수 있는 권리가 주어져야 합니다. 어떠한 직업을 선택하든지 튼튼한 계층이동 사다리가 하늘 높이까지 세워져야 합니다. 모든 분야의 직업선택에 있어서 기울어진 운동장이 있는지 잘 살펴서 반드시 그것을 바로 잡아야 합니다.

폐지된 사법고시는 하루빨리 부활되어 영원히 존치되어야 합니다.

사법고시 응시의 장수생을 '사시 낭인'이라고 폄훼하는 단어가 우리 사회에서 스스럼없이 쓰입니다. 원래 '낭인(浪人, 로닌)'은 일본 전국시대에 일정한 소속이 없이 떠돌아다니는 무사라는 뜻으로 비하하는 말이었습니다. 그 뜻이 나중에는 양아치나 조폭 등 불량한 청년들을 의미하는 것으로 바뀌어 쓰이고 있습니다. 사법고시 장수생들이 우리 사회에 무슨 민폐를 끼쳤습니까? '사시 낭인'이라는 표현은 청운의 뜻을 품고 판사, 검사가 되어 나라를 위해 봉사하리라는 한 개인과 그를 돕는 가정을 모욕하는 말입니다.

'사시 낭인'이 아니라 '사법고시 장수생'이 바른 표현입니다.

국가를 발전시키는 인재발굴을 위해서는 빈부를 막론하고 고르게 선발하여 그들이 함께 섞여 일하는 풍토를 만들어야 합니다.

우리나라 법조인도 두 가지 길(사법고시와 로스쿨)로 양성하는 시스템이 바람직합니다. 로스쿨을 다닐만한 경제력이 안 되는 사람들은 본인의 노력만으로 사법고시에 합격하면 됩니다. 이렇게 되면 5,200만 국민 모두 아무런 불만이 없을 것입니다. 이것이 전 국민이 하나가 될 수 있고 발전적으로 통합되는 길입니다.

직물을 짤 때에도 씨줄만 가지고는 제대로 된 직물을 짤 수 없습니다. 씨줄과 씨줄을 서로 이어줄 날줄이 필요합니다. 가로 방향으로 늘어진 씨줄 사이를 세로 방향의 날줄이 씨줄과 다른 씨줄 사이를 들락날락하며 서로를 엮어주어야 비로소 제대로 된 직물이 됩니다.

나라의 인재 구성도 엘리트만으로는 될 수 없습니다. 그들을 엮어줄 또 다른 인재들이 필요합니다. 빈부를 떠나서 다양한 계층의 인재들이 서로 엮어서 짜여진 조직은 강합니다. 특히 나라의 외부에서 위기가 닥칠 때일수록 탄탄하게 짜여진 통합된 인재들이 나라를 구하고 발전시킵니다.

(3) 수시냐 정시냐

대학입시에서 수시와 정시제도가 있습니다. 2021년도의 입학비율을 살펴보면 수시가 대략 77%를 차지하고 정시는 나머지 23%를 차지 [21] 했습니다. 대학과 고교에서는 정시보다 수시를 더 선호하고 학부모와

---

21 한국교육의 진로" 이경태, 박영범 편저, 308p∼309p

아들딸 힘들지?

학생들은 수시보다 정시를 더 선호하는 것 같습니다. 대입에서 정시를 주장하는 이들의 목소리는 이것입니다.

"공정한 실력으로 지면 패배를 깨끗이 승복할 수 있으니까 억울한 마음이 들지 않는데, 돈 때문에 부모의 능력 때문에 졌다는 생각이 들면 억울해서 견딜 수 없다."고 합니다.

우리나라의 수시 입시 제도가 진정으로 돈과 부모의 능력과는 상관없는 공정한 시험제도입니까?

수시에서도 가장 문제가 되는 것은 학생부종합전형(학종)인데 대학이 어떤 기준으로 학생을 선발하는지 알 수 없기 때문에 '깜깜이 전형'이라고 합니다.[22]

합격과 불합격의 기준이 모호한 정성평가이므로 이것을 투명하고 소상하게 국민들에게 밝힐 수 없다는 치명적인 약점을 안고 있습니다. 사정이 이렇다 보니 그 정성평가에 부정이 개입될 소지 역시 다분합니다.

2019년부터 불거진 '조국 사태'가 바로 이 전형입니다. 일반 가정에서는 시도할 수조차도 없는 화려한 스펙(논문의 학술지 게재, 학회 사무국에서의 봉사활동, 대학연구실에서 수행되는 실험에 고교 재학생이 참여)탓에 권력과 부를 가

---

22   "한국교육의 진로" 이경태, 박영범 편저. 310p～313p

2장 계층이동 사다리는 반드시 복원되어야 한다   **59**

진 사람들의 자녀들만 접근할 수 있는 수시전형입니다. 이로 인해 대입에서 정시를 주장하는 학생들과 학부모들은 수시는 일부 부유층들이 자신들의 이익을 위하여 공정성이 보장된 계층이동 사다리를 치워버린 것이라고 생각합니다.

대학 당국은 수시합격생들이 대학수업에서의 성취도가 더 높다고 하고, 고교 교사들은 수시에 비중을 더 두어야 학생들이 내신에 관심을 가지므로 수업에 대한 교사의 장악력이 높아진다고 합니다. 그러나 숙명여고 교사와 그의 두 자녀가 내신시험에서의 부정으로 법의 심판을 받은 것과 대학교수 간에 서로의 자녀들을 수시 점수 잘 주는 품앗이 부정 등 각종 수시 비리 때문에 학생과 학부모들은 공정을 보증할 수 있는 정시를 더 선호하게 되었습니다.

입시에 있어서 공정 가치가 더 중요한가 아니면 공정의 훼손을 감안하더라도 창의력이 있는 학생을 선발하기 위해서 수시 비중을 더 늘려야 하는가를 선택해야 합니다. 결론은 계층이동 사다리를 튼튼하게 세우기 위해서는 역시 공정을 최우선에 두는 방향이 맞습니다. 이 방향이 공정성과 국민 통합에 맞기 때문입니다.

만일 대학이 수시평가가 실력 있는 학생들을 선발하는데 좋은 제도라면 공정성을 객관적이면서 투명하게 보장할 수 있는 대안을 국민에게 먼저 제시하고 인정받아야 합니다.
음악 콩쿠르 대회와 올림픽경기 대회를 운영하는 책임자와 심판은

출전하는 선수들 모두에게 공정하고자 심혈을 기울입니다. 음악 콩쿠르 대회에서는 연주나 성악의 발표자에 대해서 여러 평가위원이 채점한 성적 중에서 최고점과 최저점을 제외한 점수들의 합계의 평균점수로 순위를 가립니다. 그리고 평가위원들 중에 자기의 제자가 발표할 때에는 평가위원에서 배제됩니다. 공정성을 확보하기 위해서입니다. 올림픽에서는 선수들의 성적을 공개적으로 즉시 산출해서 발표합니다.

이처럼 대학수시평가에서도 즉시성과 객관성과 투명성을 보강하여 어떻게 공정성을 보장할 수 있는지 각 대학은 입시생과 그 부모들에게 대안을 제시할 수 있어야 합니다. 수시 입시의 평가결과는 입시생과 학부모에게 공개되어야 하며 불합격된 수험생들이 본인이 왜 불합격되었는지 그 이유를 알도록 입시정보가 제공되어져야 합니다. '깜깜이 전형'은 모든 시험에서 사라져야 합니다.

권력자의 자녀에 대한 수시입시 비리로 의심되어 수사 대상이 되었던 연세대 입학처가 과거 몇 년간의 수시평가 자료의 제출을 요구받자 입학처의 담당 직원이 그 자료들을 전부 폐기 처분해서 사회적으로 큰 물의가 되었지요. 과연 이것이 연세대만의 문제일까요? 다른 대학들은 대학 수시입시에 있어서 모두 깨끗할까요? 만약에 수시입학평가에 있어서 권력자들, 부자들의 입김에 의해 그 자녀들의 입학에 있어서 공정하지 못한 부분이 있다면 수시제도의 근간이 흔들리는 것입니다.

공정이 무너지면 사회의 모든 것이 무너집니다. 자칫하면 나라가 무너집니다. 따라서 공정을 훼손할 어떠한 조치도 양보해서는 안 됩니다. 수시에서 공정이 절대적으로 보장되는 대책이 수립되기 전까지는 수시로 대학에 입학하는 것은 제한되어져야 합니다.

한국 양궁이 올림픽에서 항상 최고의 성적을 올리며 석권하고 있습니다. 양궁대표팀이 항상 최고의 성적을 올리는 비결을 살펴보면 국가대표를 선발하는 규정에 있습니다. 오직 과녁에 맞힌 점수만으로 선수들을 공개적으로 선발해왔습니다. 지난번 대회의 우승자에게 예선이나 준결승을 뛰어넘어 바로 결선으로 직행하도록 혜택을 주거나 어느 학교 출신이냐 또 누구의 제자이냐 이런 것은 전혀 고려대상이 아니고 항상 투명하고 공정한 경쟁을 통한 선발제도가 한국 양궁이 세계 최고인 이유입니다.

마찬가지로 대학의 수시입시에서도 이같이 투명하게 공개경쟁할 수 있는 제도를 도입해야 합니다. 각 대학은 이러한 장치를 마련하여 국민이 납득할 수 있게 해야 할 책임이 있습니다. 이러한 제도를 시행하여 입시에서 부정의 개입 요소를 원천적으로 차단하는 것이 대한민국의 발전과 국민통합에 유익합니다.

(4) 노동의 이중구조가 개혁되어야 할 이유

우리나라의 노동시장은 대기업 우위적인 원청, 하청 관계로 '1차 노동시장'과 '2차 노동시장'의 이중구조로 되어있습니다. 2015년 기준 1차 노동시장 종사자[23]는 213만 명으로 전체 임금 근로자의 약 11%이고, 2차 노동시장 종사자는 전체 임금 근로자의 약 89%인 1,787만 명입니다. 2017년 기준 1차 노동시장 종사자의 월평균 임금은 398만 원으로 2차 노동시장 종사자의 월평균 임금(225만 원)의 약 1.8배에 달합니다.

　대기업의 1, 2차 협력업체 노동자의 노동 품질이 대기업(원청업체) 노동자의 노동 품질에서 차이가 없음에도 불구하고 현저히 적은 월급을 받을 수밖에 없는 현실입니다. 이러한 노동의 이중구조의 적폐는 대기업 경영진과 노조와 이것을 이제까지 방조해온 정부와 국회 그리고 이것을 아직까지도 시정하지 못한 우리 모든 국민에게 그 책임이 있습니다.

　예를 들면 브랜드 파워와 노동생산성에서 밀리는 국산 차가 일제 차보다 국제시장에서 차 가격을 더 비싸게 받을 수 없는 것이 분명한 현실입니다. 그런데도 어떻게 한국 자동차 노동자가 일본 노동자보다 월급을 더 많이 받을 수 있는지 이해하기가 어렵습니다. 이 말은 우리 자신을 비하하고자 하는 말이 아닙니다. 단지 노동생산성이 더 낮은 노동자가 월급을 더 많이 받는 모순을 지적하는 것입니다. 노조의 임금투쟁 결과 어느 쪽은 노동생산성보다 더 가져가고 다른 쪽은 그들이 제공하는 노동에 걸맞은 대우를 받지 못하는 것이 아닌지 살펴보자는 것입니다. 우리나라를 중산층이 두터운 사회로 만들려면 그동안 그냥 지나쳐온 이러한 노동의 이중구조의 적폐는 반드시 시정해야 합니다. 노

23　"한국 교육의 진로" 이경태, 박영범 편저. 273p~274p

조 구성조차 할 수 없고 열악한 환경에서 일하는 노동자들의 권익을 위해서라도 노동의 이중구조는 국민적인 합의에 의해 반드시 없어져야 할 낡은 유산입니다.

　그러기 위해서 우선적으로 시행해야 할 정책은 장기근무자에게 지나치게 급여를 많이 책정하는 연공서열식 급여체계를 담당 직무별 급여체계로 바꾸는 것입니다. 우리나라도 이제 선진국인 만큼 대기업과 1, 2, 3차 협력업체의 급여 비율이 앞선 선진국인 미국, 독일, 일본의 급여 비율과 비슷한 수준이 되도록 관리해나가는 것이 필요합니다. 이렇게 하기 위해서는 노동자의 급여인상도 '하후상박'으로 저임금 노동자들의 급여를 고임금 노동자에 비해 많이 올리는 개혁과 이에 대한 사회적인 합의가 필요합니다. 앞서서 가고 있는 선진국의 상황과 비슷하게 되도록 조정하는 것은 외국기업의 국내 투자를 촉진하기 위해서라도 반드시 필요합니다. 대졸자의 월급이 고졸자보다 지나치게 많이 차이가 나는 것과 남성과 여성 사이의 월급 차이도 시급하게 개선해야 합니다.

3장

중산층이
두터운 사회로
만들어야 한다

＊＊＊

지금은 2022년 3월에 있을 대통령선거에 온 국민의 관심이 쏠려있습니다. **누가 차기 대통령이 되든지 간에 가장 중점을 두어야 할 정책은 '중산층이 두터운 사회를 건설하는 것' 이어야 합니다.** '중산층' 에 대한 OECD의 정의를 살펴보면 전국 가구 중에 중위소득의 75%~200% 소득을 차지한 가구들을 말합니다. 우리나라의 중산층의 비율은 약 61%를 차지하고 있습니다. 우리나라 국민의 부동산 자산이 전 재산에 차지하는 비율이 약 70% 정도로 외국에 비해 큰 편입니다. 그렇다 보니 월 소득만으로 중산층을 규정하는 것은 적절하지 않습니다. 전 자산 중에 부동산의 비중이 크다 보니 아파트 가격폭등은 주택 보유자와 무주택자 사이의 자산 격차를 심화시킵니다. 전체 가구의 55%가 자기 집이 있고 나머지 45%는 자기 집이 없습니다. '벼락 거지' 라는 신조어는 아파트 가격폭등 때문에 기존에 무주택 중산층이었던 사람들이 중산층에서 저소득층 떨어질 수도 있겠다는 불안감에서 나온 말입니다. 경상수지 흑자의 누적과 저금리 상황의 지속으로 시중에 풀린 막대한 돈이 토지와 아파트 가격을 밀어 올려 점점 거품을 크게 만들어내는 것은 결국 국민의 삶을 피폐하게 만들고 국가 경제를 위기상황으로 치닫게 할 뿐입니다. 따라서 정부는 시중에 쌓인 유동성을 나라 밖으로 퍼내고 국민의 의식에 만연된 투기심리를 차단하는 정책이 시급합니다. 또한 정부는 전 국민의 생활 안정을 위하여 '중산층을 늘리는 일'에 매진해야 합니다.

중산층을 늘리기 위해서 해결해야 할 과제는

첫째, 필요한 재원은 어떻게 마련할 것인가?
둘째, 좋은 일자리를 어떻게 만들고 확대시켜 나갈 것인가입니다.

(1) 필요한 재원은 어떻게 마련할 것인가?

가장 중요한 것은 재원 마련입니다. 단순한 증세를 통해서는 이러한 재원을 마련하기가 불가능합니다. 증세에 대한 국민적인 저항은 물론이거니와 무리한 증세는 국가 경제의 활력을 빼앗아 가고 실업자급증으로 사회 혼란만 가중됩니다.

가장 현실적인 해결책으로서는

첫째, 경상수지의 흑자로 쌓이게 될 대외순자산의 운용으로 생긴 이

익을 재원으로 사용하는 것과

둘째, 나라 살림의 씀씀이를 줄여서 만든 재정의 여유분을 사용하는 것입니다. 나라 살림의 씀씀이를 줄이기 위해서 '작은 정부'로 추진할 때의 효과에 대해서는 다음 장에서 자세히 다루겠습니다. 이 방법들은 증세를 하지 않아도 되므로 실현 가능성이 높습니다.

그러면 어느 정도의 재원을 마련해야 할까요?

필자는 경상수지 흑자분을 활용해서 대외순자산을 2021년 현재 4,600억 달러에서 향후 10~15년간 1조 5,000억 달러로 현재보다 1조 달러를 더 키우면 가능하다고 봅니다.

대외순자산을 확대하고 운용해서 나오는 이익으로 국민의 내 집 마련과 4차 산업혁명에 걸맞은 직업훈련과 평생교육에 투자합니다.

즉 국민의 생활 안정과 노동생산성을 향상시키는 데 투자하면 할수록 국민의 월급은 자연히 인상됩니다. 그러면 국민의 가처분소득이 늘어나서 내 집 마련과 먹고사는 문제가 자연스럽게 해결되며 안정된 사회가 될 수 있습니다. 2021년에도 경상수지 흑자가 800억 달러 정도로 예상됩니다.

이러한 매년의 경상수지 흑자를 나라 밖으로 재투자하여 여기에서 나오는 이익으로 국민이 직장을 잃었든지 사업에 실패해도 길거리에 나앉지 않고 언제 어디서나 국가의 따뜻한 보호를 받으며 최소한의 생활을 유지할 수 있도록 지원해야 합니다. 그리고 다시 재기할 수 있도록 직업훈련 시키고 최소한의 생활비를 지급하는 데 사용합니다. 또한 이 재원으로 공공주택을 지어 무주택자들이 값싸게 내 집 마련하도록 직접 도와줍니다.

장사를 해보신 분들은 다 경험하는 일이지만 장사가 잘되어 현금수입이 좋을 때가 있습니다. 이러한 때일수록 무작정 사업 확장에 재투자하기보다 수익의 일정 부분을 떼어서 적금을 들어 다시 목돈이 필요할 경우를 대비합니다. 나중에 장사가 안되면 쓰려고 준비해둔 비상금이 있으면 안심이 되듯이 나라도 마찬가지입니다.

대외순자산은 국가의 저축입니다. 나라에서 돈을 잘 벌때에(경상수지 흑자)에 그 돈을 나라 밖으로 투자하여 어려울 때를 대비해야 합니다. 이 대외순자산을 많이 쌓으면 쌓을수록 우리의 아들딸이 그것을 유용하게 쓸 수 있습니다. 우리는 우리의 아들딸과 다음 세대를 위해 국가에서 대외순자산을 늘리는 데에 거국적인 관심을 가져야 합니다.

우리나라의 대외순자산을 지속적으로 확대하기 위해 현재 우리나라의 경제가 어떠한 위치에 있는지 살펴보겠습니다. 가정의 살림살이를 나타내는 가계부가 있듯이 국가의 살림살이를 나타내는 것은 '국제수지' 입니다.

국가의 가계부인 '국제수지' 도 발전단계가 있습니다. 이른바 '국제수지발전단계설' [24]입니다. 상품과 서비스의 수출과 수입의 차이가 '무역수지' 이고, 외국과의 거래에서 생긴 금융자산의 이자와 임금 등의 수입과 지급의 차이를 '소득수지' 라고 합니다. '경상수지' 는 '무역수지' 와 '소득수지' 와 '서비스 수지' 의 합계입니다.

경상수지가 나라 경제의 성장에 따라 단계적으로 변화해 간다는 것이 '국제수지발전단계설' 입니다. 각 나라의 경제성장에 따라 단계적으로 변화되어 간다는 것은 시간이 지나면 저절로 '표2' 의 오른쪽의 단계로 자동적으로 이동해 간다는 것을 의미하는 것은 아닙니다. 국제수지와 관련해서 각 나라가 세계시장에서 어떻게 대응하느냐에 따라 부자 나라가 되느냐 아니면 가난한 나라로 머무느냐가 정해집니다.

예를 들면 아르헨티나는 공업과 농업에 기반을 둔 선진국형의 자유경제 체제입니다. 한때에는 잘사는 나라였지만 나라 운영을 잘못해서 악성 인플레와 과다한 국가부채로 인해 여러 차례 모라토리움(부채상환거부선언)을 선언했습니다.

미국은 무역과 재정에서 적자에 허덕이지만 만일 셰일가스의 채굴원가를 더 혁신적으로 낮추어 수출경쟁력을 갖춘다면 무역흑자국으로 바뀔 수도 있습니다. 그러면 현재 채권매도국의 곤란한 입장보다 더 나

---

24 표2 '각국의 국제수지 발전단계' 참조

은 성숙채무국으로도 바뀔 수 있습니다. 이렇게 되면 세계최강의 기축통화국의 힘을 바탕으로 더욱 강력한 패권 국가가 될 수도 있습니다.

이처럼 각 나라가 처한 상황에 따라 국제수지의 발전단계에 적합한 전략을 세워 추진하면 나라가 더욱 부강해질 수 있습니다.

국제수지 발전단계의 제1단계는 '미성숙한 채무국' 입니다. 신흥국은 경제력과 국가의 제조기반이 약해서 수출품은 적은 반면에 여러 가지 생필품을 수입할 수밖에 없으므로 무역적자입니다. 나라를 운영하려면 해외에서 돈을 빌려올 수밖에 없어서 소득수지와 경상수지 모두 적자입니다. 우리나라의 경우에 1945년부터 1970년대까지가 여기에 해당되었습니다.

제1단계 미성숙채무국	제2단계 성숙채무국	제3단계 미성숙채권국	제4단계 성숙채권국	제5단계 채권매도국
무역수지 적자 소득수지 적자 경상수지 적자	무역수지 흑자 소득수지 적자 경상수지 흑자	무역수지 흑자 소득수지 흑자 경상수지 흑자	무역수지 적자 소득수지 흑자 경상수지 흑자	무역수지 적자 소득수지 흑자 경상수지 적자
한국 (1945~1978) 인도 아르헨티나 그리스	한국 (1979~2013) 이탈리아	한국 (2014~2021) 중국	일본 독일	미국 영국 프랑스

● 　표2: 주요국의 국제수지 발전단계(2021년도)

제2단계는 '성숙한 채무국'입니다.

'미성숙한 채무국'에서 경제력이 향상되어 가면서 '성숙한 채무국'으로 발전됩니다. 우리나라 경제의 1970년대에서 2013년까지가 여기에 해당됩니다. 국내산업이 발달하여 수출이 증가하므로 수입보다 수출이 많아져서 무역 흑자가 됩니다. 하지만 해외에서 빌려온 빚이 남아있으므로 경상수지는 적자입니다. 경제가 발전하여 경제력이 더욱 향상되면 경상수지도 흑자가 되면서 본격적으로 외국에서 빌려온 돈을 갚아 갑니다. 결국에는 해외에서 빌려온 돈보다도 우리가 외국에 빌려준 돈이 더 많아지는 순간이 오는데 2014년이 바로 그때였습니다. 드디어 우리나라가 순 채권국의 위치로 올라서게 된 것입니다.

제3단계는 '미성숙한 채권국'입니다.

순채권국에 도달하고 나서부터 '소득수지'가 상승하기 시작해 경상수지는 대부분 흑자가 됩니다. 해외에서 빌려온 빚을 다 갚았기 때문에 생긴 여유 자금을 해외의 국채나 해외기업이나 부동산 시설에 투자하여 '소득수지 흑자'가 급상승하면서 국민들의 살림살이가 나아지고 월급이 인상되고 나라 전체가 경제적인 안정과 번영을 구가합니다. 2021년 현재, 한국의 경제 상황이 여기에 해당됩니다.

우리나라가 지금보다 나은 '성숙한 채권국'으로 발전하기 위해서는 외국에 투자하여 사업이익과 금융 이자와 배당소득을 힘껏 늘려가야 합니다. 2021년 현재 정부가 가장 중점을 두어야 할 정책이 바로 이것입니다. 이렇게 '소득수지'를 크게 늘려가면 혹시 무역 적자가 나더라도 경상수지는 흑자로 만들 수 있습니다.

예를 들면 어떤 자영업자가 본업에서의 장사가 잘 안되어 적자가 나더라도 미리 저축해두었던 적금과 투자해두었던 부동산에서의 임대료 수입으로 살림을 꾸릴 수 있는 것과 마찬가지입니다.

지금은 우리나라가 무역 흑자를 거듭하고 있지만 언제까지나 흑자가 계속될지는 알 수 없습니다. 중국과 베트남, 인도 등 기라성 같은 개발도상국에서 바짝 뒤따라오고 있어서 일반 상품의 가격경쟁에서는 물론 고부가가치 상품 영역에서도 점점 위협받게 될 것입니다. 그때를 대비해서 나라에서 돈을 벌고 있을 동안에 국민들을 한 가구라도 더 중산층으로 만들어야 사회가 안정되고 우리의 아들딸에게 살기 좋은 나라 선진국 한국을 물려 줄 수 있습니다.

제4단계는 '성숙한 채권국' 입니다.
지금의 일본과 독일이 여기에 해당합니다. 대외순자산이 일본은 2019년 말 현재에 3조 9,000억 달러, 독일은 3조 2,000억 달러 정도가 됩니다.

경상수지의 흑자로 쌓아놓은 대외순자산에서 대폭적인 이익이 나서 일을 안 해도 국내로 돈이 들어옵니다. 이제 먹고살 만하니까 일하고자 하는 의욕이 떨어지기 시작합니다. 배고픔을 이겨내고 가난을 극복하려던 절박함이 사라진 거지요. 그러니 생산력이 저하되고 수출경쟁력이

76

떨어지면서 무역 흑자가 줄어들다가 결국에는 무역 적자에 빠져듭니다.

수십 년간 무역 흑자만 거듭하던 일본도 지금은 무역 흑자와 적자를 반복하고 있습니다. 벌어놓은 돈이 있으니 힘든 일 하러 나가기 싫은 노동자의 심정과 비슷한 거지요. 나라가 이러한 상태에서 생산성 향상과 같은 노력을 하지 않으면 벌어놓은 대외자산을 팔아서 쓸 수밖에 없습니다.

제5단계의 채권매도국은 '있는 자산을 팔아서 쓰는 나라'입니다.
이 단계는 무역수지가 적자이고, 소득수지는 흑자이지만 무역 적자를 다 메우지 못해서 경상수지가 적자로 됩니다. 따라서 결국 대외자산을 팔아서 적자를 메꾸어야 하는 단계입니다. 무역 적자와 재정 적자 즉 쌍둥이 적자에 시달리는 미국이 달러가 세계에서 가장 강력한 기축통화이기 때문에 버티고 있지만 언제까지 이렇게 버틸지는 누구도 장담할 수 없습니다. 그래서 미국은 달러의 위상에 도전하는 강력한 도전자가 나타나는 것을 내심 가장 두려워하여 미국에 도전할 만한 나라들을 주저앉히기 위해서 모든 정책을 마다하지 않을 것입니다.

중산층을 두텁게 하기 위해서 '미성숙한 채권국'인 대한민국이 해야 할 일은 현재의 대외순자산을 일본이나 독일과 비슷한 수준으로 확보하는 일이 필요합니다. 왜냐하면 우리나라나 독일이나 일본의 산업상의 공통점은 강력한 제조업을 바탕으로 무역 흑자를 내는 점입니다. 따라서 앞서가고 있는 이들 나라의 정책들을 참고할 필요가 있습니다.

인구 8,400만의 독일의 2019년도 대외순자산은 약 3조 2,000억 달러이고, 인구 1억 2,600만의 일본의 2019년도 대외순자산은 3조 9,000억 달러 정도입니다. 이에 비해 인구 5,200만의 우리나라 대외순자산은 2021년 현재에 4,600억 달러 정도입니다.

인구 1인당 대외순자산으로 비교해보면 독일은 4,400만 원, 일본은 3,600만 원 정도, 한국은 1,000만 원 정도로 일본과 독일에 비해 삼분의 일도 채 안 됩니다. 즉 외국에 저축해놓은 자산이 적어서 나라에서 국민복지로 쓰기에는 아직 턱없이 부족합니다. 이 대외순자산이 많으면 많을수록 나라에서는 이 자산을 활용하여 모든 국민을 두터운 중산층으로 만들 수 있습니다. 이렇게 하기 위해서는 정부는 당분간은 경상수지 흑자가 예상되는 만큼 경상수지 흑자 ⇒ 대외순자산 확대 ⇒ 이자, 배당수입 증대 ⇒ 경상수지 흑자 확대로 선순환되도록 관리해야 합니다.

우리나라 인구의 고령화가 가속되고 있어서 시간이 지날수록 노동생산력은 점점 떨어지면서 국가의 부를 축적할 기회가 사라질 것입니다. 따라서 서둘러서 대외순자산의 확보에 박차를 가해야 합니다. 대외순자산을 얼마나 확보하느냐에 따라 국가가 국민을 위해 좋은 일자리를 만들 수 있는 역량의 크기가 달라지기 때문에 하루라도 빨리 서둘러야 합니다. 왜냐하면 나라 안에는 개인의 경제력에 따라 네 종류의 국민이 있는데 결국 국가에서 그들을 돌봐야 하기 때문입니다.

아들딸 힘들지?

어린 자녀 넷을 둔 어머니가 있다고 가정해봅시다.

자녀들을 다 데리고 나들이해야 할 일이 생기면 제일 먼저 젖먹이는 품에 안고, 두 살배기는 들쳐 업고, 네 살짜리는 손을 붙잡아 데리고 가고 여덟 살 장남은 스스로 걸어서 엄마를 따라오게 합니다.

국가가 제일 먼저 품에 안아야 할 젖먹이 같은 계층은 기초생활보호자, 소년소녀가장, 조손가정, 편부모가정, 미혼모가정, 독거노인, 장애인가정입니다. 나라가 이들을 품에 안아 돌보아야 합니다. 일하고 싶은 마음은 있지만 체력도 기술도 갖추지 못해 돈 잘 버는 좋은 일자리가 이들의 차지가 되기는 쉽지 않습니다. 이로 인해 낙심하여 스스로 삶을 포기하지 않도록 나라에서 관심을 가지고 돌봐주고 희망을 주어야 합니다. 이것이 나라가 존재하는 이유입니다.

둘째는 등에 들쳐 업은 두 살배기 같은 저소득층 서민들입니다. 이들에게 안정된 주거복지를 제공하여 안심하고 일터에서 일하도록 도와주어야 합니다. 이들의 직업훈련을 도와 노동생산성이 향상되도록 해야 합니다. 이로 인해 수입이 늘어나 중산층으로 올라서도록 나라가 디딤돌이 되어주어야 합니다. 근로장려금을 확대하여 일하고자 하는 의욕을 갖게 해주고 자녀들 교육을 위한 장학금도 지원합니다.

셋째는 네 살배기로 혼자 걷기에는 어딘지 불안해서 엄마의 손길이 필요한 중간층입니다. 나라는 이들에게 주거복지와 좋은 일자리를 제공할 수 있도록 정책을 펼칩니다. 좋은 일자리는 기업의 역할이지만 기업이 좋은 일자리를 만들어내는 데에는 정부의 도움이 필요합니다. 좋은 일자리를 만드는 데에 도움이 되지 않는 규제들을 없애야 합니다. 이들에게 각자 적성에 맞는 직업훈련과 평생교육으로 세밀하게 지원합니다.

넷째는 여덟 살 장남과 같은 중산층과 부유층 사람들입니다. 이들은 대개 자기 집이 있고 생활도 안정되어 있습니다. 이들에게는 나라가 나아가려는 방향을 제시하여 따르게 하되 무엇보다도 자유를 주어야 합니다. 지나친 간섭을 줄이고 이들이 나라를 위해 기여할 수 있도록 기회를 주고 격려해야 합니다. 성장한 장남이나 장녀가 자기 동생들을 돌보므로 부모를 도울 수 있듯이 국가는 이들에게 도리어 도움을 청해야 합니다. 부유층이 명예롭게 나라를 위해 봉사할 수 있는 기회를 많이 만들어 이들을 칭찬하고 이들의 도움으로 저소득층이 중산층으로 올라갈 수 있는 그래서 사회가 발전적으로 통합되며 배려하는 사회가 되는 역할을 이들에게 부탁해야 합니다.

(2) 좋은 일자리를 어떻게 만들 것인가?

어떤 나라에 좋은 일자리가 충분한지 아닌지를 쉽게 알 수 있는 방법이 있습니다. 그것은 거리를 지나다니는 사람들의 표정과 행동들을 관찰하면 됩니다.

서구 유럽국가 시민들의 일상적인 생활상을 보여주는 사진들과 가난에 찌든 어떤 나라의 거리의 모습에서 사람들의 표정을 찬찬히 살펴 비교해보십시오. 비교할 두 나라 시민들의 얼굴에서 그 차이를 엿볼 수 있습니다. 서구 유럽 사람들의 행동에서는 넉넉한 여유와 예절과 상식이 통하는 느긋함을 발견할 수 있다면, 가난한 나라 사람들에서는 무표정하거나 초조하고 삶에 지쳐 근심 걱정이 얼굴에 서린 모습에서 왠지 불안감을 느낍니다.

이러한 차이점은 두 나라에서 차지하는 중산층의 비율이 서로 크게 다르기 때문입니다. 중산층이 많으면 많을수록 국민들의 삶은 안정되며 사람들의 얼굴에서 웃음과 편안함을 느낄 수 있습니다.

국민 전체 소득층의 규모를 항아리 모양으로 비유한다면 서구 유럽은 이조백자와 같이 가운데가 배가 부르고 넉넉한 모양으로 중간 소득층이 매우 많음을 나타냅니다. 하지만 가난한 나라는 소득층의 구조가 마치 호리병 모습과 같아서 소득 상류층의 크기보다 중류층의 비율이 확 줄어들고 하류층이 압도적으로 많습니다. 이러한 나라는 미래가 없습니다. 이러한 나라들의 특징은 자국 내에 국제적인 경쟁력이 있는 제조업이 없습니다. 모든 물건을 수입에 의존하니 물가는 비싸고 서민들은 품팔이 노동이나 서비스업에 종사할 수밖에 없습니다. 그러니 고소득 일자리는 기대하기 어려운 것이지요. 결국 제조업이 좋은 일자리를 만들어내는 보물창고입니다.

1) 제조업이 살아나야 좋은 일자리가 늘어난다.

제조업이 강한 독일과 북유럽국가들을 보면 좋은 일자리가 결국 삶의 질을 좌우하게 된다는 것을 금방 알게 됩니다. 우리나라도 좋은 일자리를 많이 만들려면 무엇보다도 그동안 좋은 일자리 창출에 걸림돌이 되어왔던 기업규제를 대폭 완화 또는 철폐해야 합니다. 좋은 일자리를 창출하기 위한 지원제도를 더욱 확충해야 합니다.

좋은 일자리를 많이 만들려면 기업과 정부와 노동자가 서로 협력하여 삼박자가 맞아야 합니다. 기업을 경영하려는 기업가들에게는 기업가정신을 존중해주고 박수 쳐주는 사회적 분위기가 무엇보다도 절실합니다. 기업가정신이 살아있는 나라는 번창하고 기업가정신이 약해지면 나라는 쇠퇴합니다. 왜냐하면 리스크를 안고 도전하는 투자자들이 사라지기 때문입니다. 이러한 사회는 경쟁력 있는 제품과 서비스가 생겨나기 어려워서 사람들의 생활형편이 좀처럼 나아지지 않게 됩니다.

제조업이 좋은 일자리를 많이 만들어 낼 수 있는 보물창고이므로 전국에 있는 1,243개(2021년 5월 기준) 산업단지를 활성화시키고 현대화하여 '제조업 부흥'의 기관차로 삼으면 됩니다.

어떻게 제조업을 부흥시킬 수 있을까요? 산업단지에 입주한 업체의 90% 이상이 중소기업임을 감안하여 여기에 근무하는 직원들에게 나라에서 근로장려금을 더욱 확대하여 대기업 근로자와의 임금 격차를 보전해줍니다.

두 번째로는 공공아파트의 청약 자격에 가점을 부여하여 산업단지 제조업체에 장기적으로 근무한 직원들의 순서대로 내 집 마련을 도와줍니다.

세 번째로는 산업단지 인근의 지역에 거주하는 주민들을 해당 산업단지에서 채용할 시에는 해당 업체에 세제 혜택을 줍니다. 산업단지 내의 어떤 회사의 전체 직원 중에 산업단지 인근에 거주하는 직원의 비율을 산정하여 그 비율대로 직원에게는 개인소득세를 그리고 회사에게는 법인세를 감면해 줍니다. 특히 해당 산업단지에 부부가 맞벌이로 취업할 경우에는 소득세 감면과 근로장려금 등 혜택을 추가하여 산업단지에 근무하는 가정들의 소득 향상에 나라가 지원합니다.

또한 산업단지에서 일하는 맞벌이 부부라 할지라도 자녀 양육과 노부모 보호 등에 걱정 없이 안심하고 일할 수 있도록 해당 가정의 자녀들과 노부모들을 돌보기 위한 정책을 시행합니다. 나라에서 산업단지 내에 유치, 유아원, 방과 후 교실, 노인 주간 보호시설 등을 갖추어 위탁하거나 또는 산업단지 관리 공단에서 직영으로 관리해줍니다.

그리고 청년들이 산업단지의 기업체로 취업을 장려하기 위해서 산업단지를 쾌적한 환경으로 조성하고 노후 산업단지는 재건축 등 활성화하는 정책을 추진합니다. 해당 지역을 산업단지를 중심으로 한 문화와 휴식이 있는 삶의 터전으로 발전시킵니다. 이러한 전략은 수도권 인구 억제와 지방경제 활성화에도 도움이 됩니다. 산업단지가 바로 '제조업 부흥'의 열쇠이며 4차 산업혁명의 플랫폼이 됩니다.

2) 직업훈련과 평생교육이 좋은 일자리를 늘린다.

4차 산업혁명시대의 지식기반 사회에서는 직업훈련과 평생학습이 평생 현역을 보장하고 60세 정년이 아니라 70~80세까지도 현역으로 활동할 수 있는 기회를 제공합니다. 산업혁명의 도도한 흐름은 새로운 직업 세계를 무진장으로 열어줍니다. 예전에 1900년도 초반의 미국에서 헨리 포드가 시작한 자동차의 대량생산이 산업혁명의 도도한 흐름으로 이어졌습니다.

이로 인해 그동안 마차를 만들던 사람들, 말굽에 징을 박던 사람들, 말먹이인 건초재배 농부들, 말을 사육하던 사람들의 관련 시장이 불과 10~20여 년 만에 사라지는 바람에 말과 관련한 산업은 망해버렸습니다. 그 대신에 컨베이어벨트 조립 라인을 통한 분업화로 다양한 일자리가 많이 생겨났었듯이 오늘날 4차 산업혁명시대에도 사라지는 일자리보다 많은 새로운 일자리들이 똑같이 생겨납니다. 직업이 줄어들 거라고 생각하는 것은 괜한 걱정입니다. 일자리의 절대적인 숫자는 4차 산업혁명시대에 훨씬 많이 생기게 됩니다. 다만 그중에 알짜배기 좋은 일자리가 우리나라 안에 생길 것인가 아니면 다른 나라로 뺏길 것인가의 차이는 있습니다. 산업혁명은 각 나라가 결국 좋은 일자리를 누가 먼저 더 많이 차지하느냐의 승부입니다.

혁신을 선도하는 회사는 혁신제품 하나로 수많은 좋은 일자리를 독차지하기도 합니다. '아이폰'으로 스마트폰의 혁신적인 선도자가 된 애플은 전 세계 휴대폰 업체들이 만들어낸 전체 영업이익 중에 60% 이상

84 　　　　　　　　　　　　　아들딸 힘들지?

을 가져간다고 합니다. 삼성은 30%에 못 미치고 나머지 휴대폰 제조회사들의 영업이익을 모두 합쳐도 15% 정도에 그칩니다. 승자 독식입니다. 애플의 영업이익률은 24% 이상이고, 삼성은 휴대폰 부분만 한정하면 영업이익률이 14% 정도에 그칩니다. 3위 이하의 기타 후발주자 업체들의 이익은 정말 보잘것없고 적자에 허덕이다가 문을 닫게 됩니다.

마찬가지로 산업발달의 국가 간의 격차에 있어서도 지금 미국, 독일, 한국, 일본, 중국, 북유럽국가들, 제조업이 강한 나라들이 대부분의 부(富)를 차지하고 다른 나라들은 소외되어 농업과 서비스업에 머무르고 있습니다. 현재의 농업과 서비스업이 중심인 나라들이 새롭게 제조업을 일으킨다고 해도 여간해서는 국제시장에서 기존의 제조업 강국들과의 경쟁에서 이기기 힘듭니다. 그 결과 소득과 생산이 낮은 나라로 머물 수밖에 없는 운명에 처해집니다.

지금까지 혁신을 선도한 나라들이 4차 산업혁명에서도 좋은 일자리의 상당 부분을 먼저 차지하게 될 겁니다.

그러므로 우리도 급변하는 4차 산업혁명의 흐름에 얼른 올라타지 않으면 대량의 실직사태로 개인적으로는 궁핍한 상황에 몰리고 사회적으로는 불안한 상황에 처하게 됩니다. 따라서 이러한 사태를 막고 우리들의 삶의 질을 높이고 안정된 일자리를 계속 유지하려면 대부분의 업종, 직장에서 산업혁명의 흐름에 올라타려는 지속적인 업무 재교육이 필요합니다. 노동집약적 직업이 감소하는 대신에 지식집약적인 직업이 증가 [25]하므로 빠르게 변화되는 회사의 업무를 따라가기 위한 직업훈련과 평생교육이 함께 이루어져야 합니다. 이렇다 보니 직업훈련과 평생교육을 받는 동안에도 생계를 유지하도록 생활비가 지급되어야 할 필요가 생깁니다. 이를 위해 정부는 재원 마련을 위한 대책을 미리미리 준비해두어야 합니다.

정부는 노동자들에 대해서 직업교육 훈련을 강화해서 기업들이 숙련된 인력을 손쉽게 구할 수 있도록 토대를 만들어주어야 합니다. 그리고 기업이 확보한 지적자산을 신용으로 기업의 자본조달을 쉽게 해주어야 합니다. 학교와 은행, 상공회의소 등이 서로 연계하여 기업에 대한 그물망 지원 체계를 촘촘히 갖추어야 합니다.

기업을 경영하는 사람들은 이러한 정부의 지원에 힘입어서 제품개발과 상품화에만 집중하고, 노조도 회사가 존재해야 노조가 성립된다는 사실을 직시하여 회사발전 관련 정책에 기본적으로 동의해야 합니다. 회사에 대해 지나친 요구를 자제하고 회사가 성장하여 열매를 거두기까지 기다려 주어야 합니다.

직업훈련과 연관하여 가장 앞서서 준비하고 있는 나라가 독일과 북유럽국가들입니다. 노동자는 빨라지는 기술혁신에 대응할 수 있는 힘을 키우도록 직업훈련 교육을 받게 합니다. 또한 노동자가 진로안내와

---

25 "한국의 시간 : 제2차 대분기 경제 패권의 대이동" 김태유, 김연배 지음. 219p~226p

아들딸 힘들지?

경력개발을 지원받을 수 있도록 탄탄하게 준비되어 있습니다.

현대자동차 그룹은 산학협력 업무를 활성화시키기 위해서 그룹 내 산학업무 담당 회사인 현대NGV에서 현대차 '사내용 강의'를 대학에 제공한다고 합니다. 대학 졸업자들을 받아서 일을 시켜보니 회사의 업무 내용을 미리 대학에 알려주는 것이 산학 협력에 도움이 되고 또한 학생들이 회사에 입사하기 전에 기업의 사정을 아는 것이 입사 후 회사에 적응하는 데에도 도움이 되겠다고 판단했기 때문이겠지요.

기업 입장에서 얼마나 답답하면 이렇게까지 하겠습니까?

가장 기본적인 계측기도 제대로 사용할 줄 모르는 사람들과 데이터의 측정도 평가도 대책도 제대로 내지 못하는 학생들은 기업이 필요로 하는 엔지니어가 아닙니다. 간단한 전기회로도 제대로 해석 못 하는 전기공학 졸업자들, 간단한 기계부품 도면도 하나 그리지 못하는 기계공학 전공자들을 기업에서 뽑아서 어디다 쓰나요? 이러한 졸업생들에게 월급을 지불하고 막대한 교육비를 들여서 다시 엔지니어로 준비시켜야 하는 짐을 왜 기업이 감당해야 합니까?

고용노동부 산하의 직업훈련기관들이 있습니다. 그곳을 이수하고 기업에 취직하는 데 얼마나 도움이 되는지, 기업에 들어가서 실무를 하는데 어떠한 도움이 되는지 냉정하고 객관적인 평가가 필요합니다.

수강생들로부터 외면 받고 있는 부실한 직업교육 훈련기관들을 골라 내서 교육기관으로서의 자격을 박탈하여 교육의 질적인 향상을 도모해 야 합니다. 단순지식의 전달에서 벗어나 실무와 연결된 기술을 가르치 고 문제해결능력을 갖추도록 도와주어야 합니다.

누가 이렇게 해줄 수 있습니까? 인재를 채용할 회사에서 교육 내용 도 교육기관에 제공해야 하고 강사들도 채용할 회사의 현직 실무자들 이 직접 맡는 것이 바람직합니다. 그래야 직업교육 수료 후 곧바로 채 용으로 연결되기 쉽습니다. 직업교육을 산업체에 근무하는 실무진 강 사들이 해야 할 필요성은 기업현장의 필요와 너무나 동떨어져 있는 지 금 대학교육의 현실 때문에 더욱 그렇습니다.

대학이 학생들을 실용적인 인재로 길러내지 못하고 있다는 증거는 일자리 미스 매칭의 결과를 보아도 금방 알 수 있습니다.

부천시 관할 중소제조업체 690개에 2018년도 대졸 신입사원과 경력 사원을 채용한 결과에 대해 인사담당자로부터 받은 만족도 설문조사 에 따르면 신입사원 채용은 만족도가 20.1%에 불과한 반면에 경력사 원 채용은 57.7%에 달했습니다. 기업 측의 신입사원에 대한 불만족의 주된 요인은 전문성과 직무능력이 부족하다는 것입니다. 이 현상에 대 해 대학과 정부와 기업이 함께 머리를 맞대고 해결해야 합니다. 이것을 해결하면 청년실업 해소의 실마리가 잡힐 것입니다.

학생들을 사회에서 필요한 실용적인 인재로 길러내기 위해서는

첫째로 대학의 교수 요원에 대한 평가방식이 바뀌어야 합니다. 이공계 대학을 예로 들자면 현재 공대의 연구 방향은 산업계를 돕는 단기적인 연구와 과학 기반의 원천적이고 장기적인 연구로 나눌 수 있습니다. 그런데 대부분의 대학은 국제적으로 인정받는 전문 학술지에 실리는 논문을 교수 평가의 잣대로 삼고 있습니다. 이로 인해 현재의 산업계에서 적용되는 기술을 발전시켜 온 부분에 대한 평가는 소홀히 해온 것이 사실입니다. 그러므로 대학 당국은 교수요원들을 과학 기반의 원천적인 연구와 현재의 산업체를 지원하는 연구, 즉 투 트랙으로 나눠 평가받을 수 있도록 제도를 보완해야 합니다.

뿐만 아니라 교수들은 제자들을 가르침에 있어서도 달라져야 합니다. 교수 본인이 공부해온 연구와 관련된 깊이 있는 지식과 기술을 전수하기보다는 제자들을 한 사람의 엔지니어로서 필요한 기본적인 전공지식과 기술이 잘 무장되도록 가르쳐야 합니다. 제자들이 산업현장에 필요한 기술자로 준비된다는 것은 기본적인 설계를 할 수 있거나 설계도를 이해하고 공구와 계측기를 다루어 실험을 통해 쓸모 있는 결과를 이끌어낼 수 있는 실력을 말합니다. 전공자로서 기본소양을 잘 갖춘 엔지니어가 산업현장에서는 크게 성장할 수 있습니다.

둘째로 대학은 학생들을 실용적인 엔지니어로 키우기 위해 설계와 실험과 실습시간을 늘리고, 관련 장비를 갖추는 투자를 해야 합니다.

대부분의 대학이 이미 코로나19 때문에 비대면 강의로 전환되어 대학
마다 온라인 강의가 준비되어 있습니다. 이러한 온라인 강좌로 학생들
이 사전에 예습이 된 상태에서 대면 수업에 참여하고 수업시간은 토론
과 실험 실습으로 채우면 학생들을 실용적인 엔지니어로 키우는 데 도
움이 될 수 있습니다.

셋째로 정부는 대학의 실험 실습 관련 시설투자에 대한 재정 지원과
세제 혜택 등을 제공해 실용적인 엔지니어 양성에 힘을 실어주어야 합
니다. 기업이 대학에 투자하는 것을 장려해 기업에 세제 혜택을 주고
산학협력으로 개발된 제품에 대한 이익의 일부가 대학으로 이전되도록
해야 합니다. 산학협력의 성공으로 부가가치가 높은 제품을 생산하여
좋은 일자리가 넉넉해지도록 정부는 산업체와 대학에 법과 제도로 지
원해야 합니다.

3) 직무발명의 활성화가 좋은 일자리를 늘린다.

1970, 1980년대 전국 기능경진대회, 국제 기능올림픽이 한국 제조
업 발전에 끼친 영향은 막대했습니다. 국제 기능올림픽에서 메달을 딴
기능사들은 귀국 시에 카퍼레이드 행사에서 올림픽에서 메달을 딴 선
수들과 같은 축하를 받았습니다. 그들은 좋은 직장을 골라서 취업했고
기능올림픽 메달을 앞세운 점포창업도 활성화했습니다.

기능공과 기술자들이 사회에서 제대로 대우받는 계기가 되었습니다.
전국의 공고 출신 졸업자들이 각 산업의 제조현장과 중동의 건설현장에

아들딸 힘들지?

서 뛰었습니다. 그 당시의 한국이 개발도상국 중에서도 발군의 경제성장을 이룬 기적은 기능공과 기술자들의 흘린 땀에서 비롯된 것이었습니다.

그때의 경제성장률은 연 10%를 넘나들었습니다. 산업현장에서 Q.C 분임조 활동이나 생산성 향상 활동으로 만들어낸 제품이 세계시장에서 Made in Korea의 브랜드로 널리 알려졌습니다.

그런데 40~50년이 지난 지금은 이러한 좋은 모습은 온데간데없이 사라졌고 경제는 활력을 잃고 있으며 실업자들은 거리를 메우고 있습니다. 게다가 곧 이어질 4차 산업혁명으로 인한 산업현장의 완전자동화로 이 사회에는 더 심각한 노동의 종말을 예고하고 있습니다.

이러한 상황에서 어떻게 해야 우리 국민들을 두터운 중산층으로 만들 수 있을까요?

창의적인 발명자들을 존중하고 그들의 생활이 윤택해지도록 돕는 것입니다. 그들의 생활이 윤택해질 때에 직무발명은 더욱 활성화되어 좋은 일자리가 많아집니다. 그런데 각 회사의 직무발명자들 즉 개발자, 연구원들에 대한 인센티브를 보면 충분하다고 말할 수 없습니다.

"일하는 소의 입에 망을 씌우지 말라."는 격언이 있습니다. 소도 밭이랑을 왕복하며 쟁기를 끌다가도 잠시 쉬면서 밭둑에 있는 풀을 뜯어 먹고 싶어 합니다. 그런데 소의 입에 강제로 망을 씌워놓으면 소가 심술이 나서 주인의 말은 듣지 않고 제멋대로 쟁기를 끌고 이리저리 다닙니다. 밭을 망치기 때문에 결국은 주인의 손해입니다.

발명자에 대한 권리가 법적으로 보장이 잘되면 잘될수록 발명에 뛰어들려는 모험심을 자극하게 되어 그것이 산업혁명의 에너지가 됩니다.

또한 병역특례제도를 다시 활성화시켜 중소기업에서 산업체 기능 인력을 확보하는 데에 어려움이 없도록 특히 국방부에서 양해해주어야 합니다. 제품개발능력이 있는 이공계 대학과 대학원 졸업자들이 보병 소총수로 전방의 초소를 지키는 것보다 미사일을 개발하는 일로 방위산업체에서 병역의 의무를 다한다면 그것이 더 국방에 도움이 되니까요.

4) 외국기업의 국내투자 유치로 좋은 일자리가 늘어난다.

우리나라는 우리가 어떻게 하느냐에 따라 외국기업의 국내투자 유치로 좋은 일자리를 많이 만들 수 있을 가능성이 큽니다. 과거 10여 년간의 한국기업의 해외투자보다 국내로 들어오는 외국기업의 투자는 3분의 1[26] 정도에 그치는 것을 볼 수 있습니다. 그만큼 우리가 일자리를 만드는 데 있어서 손해를 보고 있습니다. 한국에 대한 외국인 직접투자 비중은 국내총생산(GDP)대비 13% 수준으로 미국은 34%, 독일은 22%, 호주는 44% 정도입니다. 외국인 투자 유치에서 중요한 것은 우리나라에 투자하려는 외국기업의 투자 욕구에 맞추는 정책들이 적기에 이루

---

26 '나가는 일자리, 들여와야 할 일자리' "매일경제" 뉴스 기사(2017년 9월 12일) 현정택 대외경제정책연구원장.

어져야 합니다. 우리나라에 투자하려는 외국기업의 일자리는 국내업체의 일자리에 비해 좋은 일자리가 많습니다. 특히 제조업보다 정보통신과 금융과 보험서비스업, 부동산 등 선진국형의 투자가 많이 늘어나고 있는 것은 좋은 일자리를 국내에 만드는 데 있어서 좋은 조짐입니다. 이와 같은 외국기업의 움직임을 바탕으로 우리가 대응해나가야 할 두 가지 방안을 제시합니다.

첫째, 홍콩에 대한 중국 정부의 직접적인 통제 강화로 홍콩에 투자했던 외국기업들이 인근의 싱가포르나 대만으로 이전을 고려하거나 철수하려는 시점입니다. 그 업체들을 한국의 수도권과 부산으로 적극적으로 투자 유치할 필요가 있습니다.

둘째, 중국시장은 사회주의 리스크가 있습니다. 중국에의 투자는 금융시장이 외국에 완전 개방되어 있지 않아서 중국에 직접 투자하기는 쉽지만 사업 철수에는 자유롭지 않은 것이 현실입니다. 게다가 요즈음에는 전력난으로 제조공장들이 멈추고, 시가지가 정전되는 등 불안을 보이고 있습니다. 이러한 상황에서 중국시장을 포기하지 않으면서도 안전하게 사업할 수 있을 곳으로는 한국만한 나라가 없습니다. 중국시장에 판매하기 위한 전진형 제조기지로서 지리적으로 가깝고 물류와 정보통신, 수출입 항만시설을 잘 갖추고 있어서 한국이 최적입니다.

중국시장을 염두에 둔 외국기업들의 제조공장과 물류시설을 우리나라에 갖추도록 홍보한다면 적지 않은 투자 유치성과를 얻을 것으로 확신합니다. 중국과 가까운 지리적인 이점을 외국기업에 대한 국내투자

유치의 무기로 삼는 것입니다.

　천진, 대련, 북경, 연태, 위해, 청도 같은 중국의 중북부 해안지역 도
시의 수출입 물량의 상당 부분이 인천항에서 환적(換積)되고 있는데 그
물량이 매년 급증하고 있습니다. 인천과 수도권이 중국 내수시장을 겨
냥한 전진기지로서 손색이 없는 점을 홍보하면 홍콩과 싱가포르를 거
치던 무역량을 우리나라로 가져올 수도 있습니다.

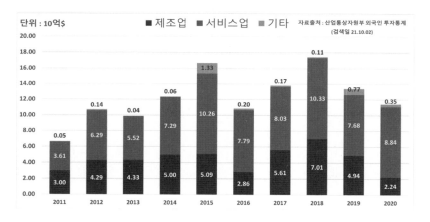

　　　　　　　　　　　　● 표3: 연도별 외국인 직접투자 현황(도착 금액 기준)

　표3[27]의 데이터를 보면 과거 10년간의 우리나라에 대한 외국인 투자에
서 서비스 분야가 제조업 분야를 압도하고 있고 가장 최근인 2020년에
는 서비스 분야가 제조업 분야보다 4배나 높은 것으로 나타났습니다. 이

27　산업통상자원부 외국인 투자통계(검색일 2021.10.2.)를 이용하여 저자 작성.

것은 전반적으로 한국의 산업구조가 선진화되어 가고 있다는 것을 보여줍니다. 그중에서도 화공, 전기 전자, 기계, 정보통신, 연구개발, 금융, 보험, 유통, 부동산 등 분야에 외국인 투자가 꾸준히 늘어나고 있는 점을 감안하여 투자 유치를 더욱 확대하기 위한 방안 세 가지를 제안합니다.

*외국인 투자 유치 확대방안

첫째, 서비스 분야 전반에 대한 합리적인 규제 완화[28]

국내외를 막론하고 기업의 입장에서 해외진출 관련 고정 비용의 크기는 투자하고자 하는 나라의 법률, 회계, 통신, 금융과 관련한 전반적인 서비스 분야의 규제 수준에 크게 영향을 받습니다. 따라서 우리가 선진국에 비해 상대적으로 개방 수준이 낮은 법률, 회계 같은 전문직 서비스를 지속적으로 개방하면 이것이 다른 서비스와 제조업의 국내투자 유치도 뒤이어서 늘어나게 하는 효과가 생깁니다. 그러므로 선진 외국의 사례를 참고하여 외국인의 국내투자의 규제 부분을 다른 선진국과 동등한 수준이 될 때까지 계속 완화해가야 합니다. 그리고 우리나라에만 있는 규제의 철폐에 적극적으로 나서야 합니다. 규제를 시장 친화적이면서 동시에 경쟁 친화적인 모습으로 갖추어 가면 결국 우리나라도 지금의 미국이나 유럽과 같은 투자환경으로 바뀌게 됩니다. 선진국 투자자로 하여금 자국에서 사업하는 것과 비슷한 환경을 조성해 줌

---

28 "서비스 분야 규제 완화가 외국인 직접투자에 미치는 영향: STRI를 중심으로" 대외경제정책연구원, 김종덕, 조문희, 엄준현, 정민철, 104p~106p

으로써 외국 투자자들을 국내에 오래도록 머물게 할 수 있고 그 결과
는 좋은 일자리가 우리 국민들에게로 돌아가는 효과가 있습니다.

**둘째, 외국인의 국내투자 관련 업무를 전담하는 별도기구(투자청)가
필요합니다.**

외국인이 한국에 투자를 희망할 때에는 현재는 한국무역공사
(KOTRA)산하 기구인 Invest Korea Plaza가 외국인에게 정보를 제공해
주고 투자 상담에서 투자 실행까지를 담당자(PM: Project Manager)를 지
정하여 민원대행서비스로 지원하고 있습니다. 그렇지만 우리나라에 대
한 외국인의 투자액이 매년 100억 달러가 넘어 점점 증가하는 상황에
서 현재와 같은 지원체계로는 부족한 면이 많습니다. 따라서 외국인
의 한국투자를 총괄해서 지원하는 별도의 조직(청(廳))을 구축해야 합니
다. 왜냐하면 외국인 투자자의 가장 큰 불만은 한국에 투자하려 할 때
에 One-Stop 서비스가 안 된다는 것입니다. 투자검토 단계에서 필요
한 정보를 구하기가 어렵고, 받아야 할인가와 허가의 종류가 많고 여러
기관에 분산되어 있으며 예측하지 못한 규제가 돌출되거나 지역주민의
반대와 일선 공무원들의 소극적인 자세로 인해 투자검토 초기단계에서
한국투자를 포기하는 일이 종종 일어나고 있습니다.

대부분의 인가와 허가권이 지자체에 있는 점을 감안해서 정부조직법
을 개정해서라도 산업통상부 산하에 개설될 대한민국투자청(Government
of Korea Investment Corporation, 가칭)에서 필요한 인, 허가권을 지자체로부
터 위임받아 행사하는 것으로 하면 우리나라에 투자하고자 하는 외국

아들딸 힘들지?

인들에게 One-Stop 서비스 제공이 가능합니다. 이 투자청을 통해서 외국인투자 관련정책 수립과 집행, 투자유치와 지원, 사후관리 업무까지 하게 합니다. 그렇게 되면 투자 기업을 발굴해서 공장 설립까지 일관해서 한 부처에서 지원하게 되므로 외국인들의 한국투자 확대로 연결됩니다. 결과적으로 청년들이 선호하는 좋은 일자리 창출에 크게 기여할 수 있습니다.

셋째, 다국적 기업의 국내 유치에 관련해서 법과 규제는 상호 국가 간에 호혜평등의 원칙대로 시행되는 것이 맞습니다.

우리의 규제를 국제화 규범에 맞추어야 할 이유가 여기에 있습니다. 외국인 투자 현황에서 화공 분야와 전기 전자와 기계 분야에 많은 점을 생각할 때에 국내의 부처별로 중복되거나 얽히고설킨 규제들을 어떻게 외국투자 업체에게 적용할 것인가? 생산성이 높은 외국기업의 국내투자가 기술 확산, 생산성 증대, 고용 확대로 긍정적인 경제적 파급 효과가 있지만 외국투자 기업에 대한 지원과 규제에 있어서 도리어 국내업체가 역차별 당하는 일이 없게 관리해야 합니다. 특히 규제와 관련해서는 현재의 산업안전법, 화학물질관리법 등 규제가 선진국의 국제적인 규범과는 충돌하지는 않는지를 점검하여 규제를 관리해야 합니다. 규제법규가 국제적인 규범에 해당하는 수준인지에 대해서도 주의 깊게 살펴보아야 합니다.

예를 들면 같은 수준의 산재 사고가 미국에서는 회사 측에 벌금을 부과하는 것으로 끝나는 반면에 한국에 온 외국인 회사 대표와 현장 감독이 한국에서 형사 처벌되어 실형을 살아야 한다면 이는 국제적인 문제를 야기하기 때문입니다. 국내에 투자하는 외국인에 대한 지원과 규제는 모두 해당 선진국이 자국에 투자하는 외국인에 대한 지원과 규제와 거의 비슷한 수준이거나 국가 간에 서로 혜택이 같게 해야 합니다.

4장

국민을 섬기는 작은 정부가 국민을 행복하게 한다

＊＊＊

우리나라가 중산층이 두터운 사회가 되려면 '세금을 적게 쓰는 작은 정부' 이어야 합니다. 아래와 같은 이유 때문입니다.

국가의 총자산은 개인과 기업의 자산과 정부 자산의 합계입니다. 정부가 나라 운영을 위해 개인과 기업의 부(富)를 이러저러한 명목으로 세금으로 거두어가는데 이러한 부의 이전(移轉)이 많으면 많을수록 개인과 기업은 돈을 소비할 자유가 줄어들겠지요. 정부조직이 커질수록 그로 인해 세금을 많이 걷어 가게 되고 그 결과로 개인과 기업은 돈을 소비할 여유가 줄어들어 경제성장이 둔화됩니다. 이와 같은 사실을 과트니, 홀콤, 로슨이 1960년~1996년의 OECD 국가들의 연평균 경제성장율과 정부 크기(GDP대비 정부지출비율)을 조사[29]하여 밝혀냈습니다.

29 "얽힌 실타래는 당기지 않는다" (안재욱) (시장경제와 정부의 역할/삼성경제연구소) 101P~102P

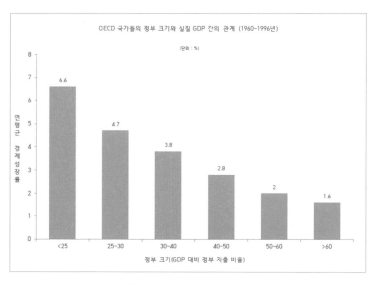

OECD 국가들의 정부 크기와 실질 GDP 간의 관계 (1960~1996년)

(단위 : %)

● 표4: OECD 국가들의 정부크기와 실질GDP간의 관계(1960~1996년)

GDP 대비 정부의 총지출[30] 비율이 25% 미만인 경우에는 연평균 경제성장률이 6%대이지만 이 비율이 30~40% 경우에는 3%대로 뚝 떨어지고, 40~50% 경우에는 경제성장률이 2%대로 추락하는 것을 보여줍니다. 이 비율이 60%가 넘어서면 경제성장률이 1%대로 추락합니다. 아마도 2021년 현재 우리나라의 정부 총지출은 GDP의 50% 전후일 것으로 추측됩니다. GDP 대비 정부의 총지출이 증가하여 경제성장률이 낮아지면 낮아질수록 '두터운 중산층' 만들기가 어려워집니다.

---

30 (중앙정부와 지방정부의 총지출예산 + 정부 산하기관과 공기업의 총지출)의 합계

노자의 도덕경에서도 보면 정부의 규제가 많을수록 백성이 가난해지고 백성이 굶주리는 것은 국가에서 세금을 많이 거두어가기 때문이라고 되어있습니다. 작은 정부로 옮겨가려는 이유가 여기에 있습니다. 큰 정부의 가장 큰 결함은 국민의 기대와 달리 세금을 많이 거두어갈 수밖에 없는 구조입니다. 그럼에도 불구하고 여전히 정치하는 사람들 사이에서는 큰 정부와 작은 정부에 대한 논쟁이 끊이지 않습니다.

큰 정부는 '내 삶을 책임지는 국가'라는 국정 목표를 제시하며 국가가 국민의 전체적인 삶을 책임지려는 정치 이념에서 출발합니다. 그러다 보니 자연히 성장보다는 분배를 앞세우게 됩니다. 분배를 앞세우다보니 국가에 의존하는 국민이 늘어나고 그들을 지원하기 위해 정부조직은 갈수록 커져만 갑니다. 정부조직이 커지면 자연스럽게 국민에 대한 간섭과 규제가 많아집니다.

작은 정부는 정반대입니다. 국정 운영을 위해 꼭 필요한 일에는 국민의 삶에 개입하지만 가능한 한 정부의 간섭을 줄이는 것을 지향하니까 자연히 정부조직도 간소하게 됩니다. 이로 인해 개인과 기업이 행복해지면 나라가 행복해집니다. 작은 정부는 국민의 창의와 자율을 중시하기 때문에 공무원은 국민을 향해서 규제와 간섭보다 국민의 창의와 자율을 촉진하기 위한 스마트한 행정으로 바꾸어가야 합니다. 공무원의 신분은 원래부터 국민을 관리하는 관리자가 아니라 국민이 시키는 일을 하는 집사이자 청지기입니다. 이 역할을 하라고 세금에서 월급을 주고 고용한 것입니다. 공무원은 오로지 국민의 행복을 위해 일해야 합니다.

큰 정부에서 작은 정부로 가는 데 있어서 해야 할 세 가지 정책 방향을 살펴봅시다.

첫째, 나라의 씀씀이를 줄이는 것

둘째, 공무원의 전문성을 강화하는 것

셋째, 규제 개혁으로 국민을 섬기는 정부가 되는 것

넷째, 공공기관 통폐합과 민영화

(1) 나라의 씀씀이를 줄여야 하는 이유

지대 추구(Rent seeking)라는 단어가 있습니다. 일반인들에게는 생소한 단어이지만, 지대 추구란 전 국민이 생활 현장에 달려들어 힘들게 벌어서 낸 혈세를 가지고 국가 예산을 편성하는 과정에 개입한 어떤 정치가나 이익 단체나 기업이나 개인이 나쁜 수단을 부려 자기들에게 유리한 방향으로 세금을 차지하는 행위를 말합니다.

나라의 씀씀이를 줄여야 하는 이유는 이와 같은 지대 추구에 매달리는 이익 집단들의 활동을 억제하기 위해서입니다. 결론적으로 정부가 커지면 커질수록 예산도 늘어나고 이 늘어난 예산을 나눠 가지려고 너도나도 서로 매달리게 됩니다. 개인이나 기업이 정상적인 생산 활동이 아닌 정부에 혜택을 얻어내서 이익을 얻으려고 정부의 소득 재분배 활동에 적극적으로 개입합니다.

이러한 소득이전 추구(Rent seeking)가 경제성장을 저해한다고 브룸 (Brumm)이 1977년~1994년의 미국 각주의 데이터를 조사[31]하여 밝혀냈습니다.

정부의 예산을 나누는데 개입하여 이익을 추구하려는 현상은 미국만의 문제가 아니며 전 세계가 동일합니다. 이러한 활동에 매달리는 이유는 기업 본연의 생산 활동에 비해서 상대적으로 쉬운 반면에 기대이익은 크기 때문입니다.

어떤 이익 집단[32]이 자신들의 이익을 도모하기 위하여 특정한 법을 국회에서 통과시킨다든가, 정부로부터 어떤 권리를 획득하기 위하여 그 집단이 추진하는 일이 마치 공익을 위한 일인 것처럼 위장하여 과대 선전을 해도 일반인은 그 허실을 잘 알지 못하여 속을 수밖에 없습니다. 때로는 공공연한 부(富)의 이전이나 정부로부터의 보조금 수수가 세인(世人)의 이목을 집중시킨다고 생각될 경우에는 독점권을 획득하는 것과 같은 간접적인 방법도 씁니다. 일반적으로 이러한 '지대 추구 행위'는 결국 정부 지출의 증가를 초래하게 됩니다. 이러한 이익 집단은 직업, 출신 지역, 출신 학교 같은 여러 가지에 의해 형성되는데 일단 형성된 이익 집단은 그 집단의 이익을 위해 정치적인 영향력을 행사하려 합니다.

이해관계를 같이 하는 이익 집단은 정부 정책으로부터 얻을 수 있

31   Brumm, H.(1999), "Rent Seeking and Economic Growth; Evidence from States" Cato Journal, Vol.19, No.1, 7p~16p
32   "정부 실패" 소병희 지음. 53p~54p

는 편의와 이익을 자신이 속한 집단이나 지역으로 유치하기 위해 관청의 담당 공무원이나 영향력이 큰 정치가를 대상으로 여러 각도에서 로비를 펼치게 됩니다. 이러한 이익 집단은 각 부처의 공무원이 관리하는 각종 규제나 정책을 통해서 자신들에게로 돌아오는 조세 부담은 최소한으로 줄이고, 자신들의 이익을 위하여 사용되는 정부의 지출은 최대화하는 것이 이들의 목표입니다. 공무원이나 정치인이 이런 이익 집단의 포로가 되면 불필요하고 비효율적인 정부 예산사업이 확대되어 결과적으로 정부 실패를 불러오고 국민이 낸 세금만 잡아먹는 크고 무능한 정부가 됩니다.

따라서 정부는 개인과 기업이 세금 분배 활동에 개입하여 세금을 나눠 가지려는 이와 같은 부작용을 줄이기 위해서라도 적은 예산으로 나라 살림을 알뜰살뜰하게 꾸려가는 방법을 연구해야 합니다.

그런데 안타깝게도 현재 우리나라의 국가 지출 예산이 폭발적으로 늘어나 적자 재정을 편성하느라 국가 부채 비율이 크게 높아지고 있습니다. 국가 부채 비율이 높아진 것은 코로나19의 영향으로 정상적인 영업 활동을 하지 못한 자영업자와 소상공인들에 대한 재난지원금이 많아진 것도 하나의 이유가 됩니다. 그렇지만 국가 부채 비율이 갑자기 크게 높아진 가장 큰 이유는 돈으로 국민의 환심을 사려는 금권 정치와 국가의 건전 재정을 지키려는 담당 공무원의 사명감 부족이 국가 부채 비율을 높이는 주된 원인입니다. 어찌 되었든 나라의 씀씀이에 대해 허리띠를 단단히 졸라매지 않으면 표4에서 보는 바와 같이 2%대 미만의 저성장에서 벗어나지 못하게 됩니다. 물가 폭등과 화폐가치 폭락으로 재정이 파탄 난 남미의 어떤 나라처럼 국민이 불행해질까 두렵습니다. 대통령이하 말단 공무원까지 모든 공무원은 위기의식을 가지고 재정 준칙을 단단히 세우고 나서 그 재정 준칙의 한도 안에서 일해야합니다. 국가 부채비율을 늘리는 것은 현재의 빚을 다가오는 아들딸 세대에게 전가하는 일로서 무책임한 일입니다.

세금을 적게 거두어 나라 살림을 알뜰살뜰하게 운영해서 경제를 살려야 서민이 자기 집도 마련하고 중산층이 될 수 있습니다. 서민들이 세금 내기 바쁘고 살기 힘들게 되면 어떻게 중산층으로 올라설 수 있나요?

따라서, 거두는 세금도 줄이고 쓰는 예산도 줄여야 합니다. 그것이 국민을 위하는 길입니다. 이렇게 하려면 결국 작은 정부로 가야 합니다. 공무원 수도 줄이고 정부가 쓰는 예산도 줄이는 작은 정부가 국민을 행복하게 하고 국민을 섬기는 정부입니다.

전 국민에게 재난지원금 명목으로 무차별로 살포되는 자금의 집행을 중단하고 항상 취약층에 대한 선별 지원에 그쳐야 합니다. 기업과 사회단체에 대한 국고 보조금과 지원금에 있어서도 지출을 원점에서 재검토하여 낭비 요소를 철저하게 없애야 합니다. 이것이야말로 나라 재정을 맡은 관료들이 국민으로부터 위임받은 사명입니다.

정부가 국민에게 재난지원금 명목으로 돈을 마구 살포하면 국민의 삶을 간섭하게 됩니다. 국민을 정부에 의존하게 만들기 때문입니다. 국민을 정부에 의지하게 만드는 것은 사회주의 정치가와 전체주의 지도자들이 흔히 쓰는 책략입니다. '국민의 삶을 책임지는 국가'라는 국정지표는 듣기에는 솔깃하지만 그것은 결국 사회주의와 전체주의를 실현하겠다는 것에 지나지 않습니다.

이제까지 국민의 삶을 만족하게 해준 사회주의국가는 역사상 없었습니다. 그저 빈곤의 평등화만 있었습니다. 자유민주주의 국가에서 '내 삶을 책임지는 것은 국가'가 아니라 국민 스스로 자신일 수밖에 없습니다. 그렇지만 대한민국은 자본주의 사회이므로 경쟁에서 패배하는 사람들이 생길 수밖에 없습니다. 그들을 따뜻하게 보살필 책임은 정부에 있습니다. 정부가 모든 국민의 삶을 무한으로 책임질 능력은 없지만 경쟁에서 패배한 사람들과 소수의 경제적 약자에 대해 희망을 주어 다시 일어서도록 버팀목이 되어야 합니다.

재산이 늘어나고 있고, 사는데 지장이 없는 사람들에게, 정부가 빚을 내어 몇 푼의 돈을 쥐어주는 것이 무슨 의미가 있습니까? 과도하게 국채를 발행해서 커다란 빚을 만들면 자녀 세대가 써야 할 돈을 부모 세대가 멋대로 앞당겨 쓰는 것인데 우리의 아들딸에게 커다란 잘못을 저지르는 것입니다. 마치 자녀 이름으로 카드를 발급받아 흥청망청 쓰는 철없는 부모와 같습니다. 우리의 자녀들의 어깨에 무거운 빚의 짐을 얹는 이러한 행위는 즉각 중지해야 합니다. 국가의존형의 국민을 양산하는 사회는 미래가 없습니다.

아들딸 힘들지?

'작지만 국민을 섬기는 정부'가 국민의 삶을 윤택하게 합니다. 국민의 삶을 더 윤택하게 하려면 국민이 국가에 의존하기보다 국민이 자유를 누리게 할 때에야 가능합니다. 국민을 행복하게 하려면 국민으로부터 거두어들일 세금과 정부의 지출을 함께 줄여야 합니다

(2) 공무원의 전문성을 강화해야

정부조직이 커지면 커질수록 그로 인해 개인과 기업에 대한 규제가 많아져서 결국은 시장을 왜곡하는 결과를 가져옵니다. 기업에 대한 규제가 지나치면 기업을 하고자 하는 의욕을 꺾게 되고 그러면 투자가 줄고 일자리가 줄어 불안한 사회로 될 뿐입니다.

인사제도를 개혁하여 업무의 중복과 낭비를 줄이고 작지만 국민을 제대로 섬기는 정부로 탈바꿈해야 합니다. 전문가들로 구성된 정부조직으로 탈바꿈하기 위해서는 중앙정부조직을 직무군제도로 재편성해야 합니다. 현재 공무원의 인사제도는 부처별 인사제도입니다. 초기 임용 시에 부처가 정해지면 특별하지 않는 한 해당 부서에서 승진하여 정년퇴직할 때까지 근무합니다. 2018년을 기준으로 중앙행정기관의 과장급 평균 근무 기간[33]은 18개월, 실·국장급은 16개월에 그쳤습니다.

---

33 "대전환시대의 국가인재경영" 국가인재경영연구원. "10만불시대로 가는길: 미래국가경쟁력 강화를 위한 제언" 이근면 지음(전 인사혁신처장). 267p~270p

부서 내에서 이렇게 순환보직 근무하면서 다방면의 정책을 기획하고 실행하는 관리자(Generalist)로서 길러집니다. 이러한 인사제도는 결국 여러 가지로 문제가 됩니다. 업무를 파악하여 손에 익을 때쯤 새로운 보직으로 옮겨가야 하니 새로운 일을 주도적으로 기획해서 결과를 맺기 위해 열성을 다하기보다 위에서 지시하는 일을 처리하기에 급급합니다. 이러니 업무의 연속성이 떨어지고 또한 후임자는 처음부터 새로 시작해야 하는 일이 빈번하게 발생합니다.

이렇게 전문성을 키우지 못하다 보니 공무원이 퇴직 후의 진로에서 후배들에게 도움을 청하는 '전관예우'에 의지하게 됩니다.

외국 같은 경우에 한 분야에 10년~20년씩 깊게 연구하고 정책을 실행해온 전문가(Specialist)가 많은 데 비해 우리는 상대적으로 전문가층이 아주 얇은 것이 현실입니다. 가장 바람직한 공직사회는 스페셜리스트와 제네럴리스트가 조화롭게 공존하는 방향으로 지속적인 변화와 혁신이 필요합니다.

사실 임대사업자에게 여러 가지 세제 특혜를 제공했다가 문제가 되자 다시 그 특혜를 회수했던 것이나 임대차 3법 등 규제도 시장에서는 제대로 작동하지 않는 등 즉흥적이고 졸속의 행정 절차를 남발하는 이유는 해당 분야에 전문가가 부족해서 빚어진 결과입니다. 공무원의

아들딸 힘들지?

전문성이 약한 이유[34]는 순환보직 외에도 연공서열의 승진 방식과 후진적인 교육시스템 때문입니다.

공무원의 전문성을 강화하기 위해서는,
첫째, 공무원의 인사를 현재 부처별 인사에서 부처를 넘어선 직무별 인사로 바꾸어야 합니다.

예를 들면 직무군 분류체계[35]를 세워 그 직무를 일반 행정, 재정과 경제, 사회복지, 산업과 IT, 외교와 국방, 국토와 환경, 과학과 교육문화직무 분야로 나눕니다. 공무원 최초 임용 시 본인의 희망을 최대한 반영하여 하고 싶어 하는 일을 할 수 있도록 배치합니다. 근무하면서도 본인의 적성에 맞는 일을 찾도록 인사이동에서 배려해 줍니다. 이로 인해 전문가로서 성장할 수 있도록 토대가 마련됩니다. 또한 어느 직무와 직능을 선택하든지 승진과 전보에서 불이익이 없도록 분야 간에 형평성을 확보해 줍니다.

각 부처 내의 인사이동뿐 아니라 부처를 뛰어넘어 다른 부처의 같은 직능으로 승진, 전보이동이 가능하도록 하는 것입니다. 또한 정부의 전체 부서 가운데 같은 직능군의 공무원들만을 함께 모아 직능 연수교육을 하고 직능 전문가로서 양성하므로 전문가 제도가 쉽게 구축될 수

---

34 "정부의 유전자를 변화시켜라" 성공하는 정부의 신 공직인사론. 김태유, 신문주 지음. 56p~63p
35 "정부의 유전자를 변화시켜라" 214p~225p

있습니다. 이 제도를 효과적으로 시행하기 위해서는 국무총리실 산하의 인사혁신처장을 부처를 초월한 인력조정실장[36]으로 겸임하게 합니다. 인력조정실장이 부처별로 직능별 필요 인원을 파악하도록 지시하고 업무량에 따른 적절한 인력배치를 하면 공무원 전체의 업무생산성을 끌어올릴 수 있습니다. 이로 인해 결과적으로 작고 효율적인 행정부를 만들 수 있습니다.

둘째, 공무원의 전문성을 강화하기 위해서는 전문 관료층을 양성해야 합니다.

전문 관료층이 탄탄한 조직을 만들려면 10년 차 이상의 5급 사무관들 가운데 전문 관료를 희망하는 후보자들을 선발하여 이들에게 해외교육 훈련을 제공하고 정부출연연구소나 별도의 교육 훈련기관에서 전문 관료 과정을 이수하게 한 후에 실무를 맡기게 됩니다. 전문 관료로 선발된 사람들은 순환보직에서는 제외되지만 대신에 전문가로서 보다심화된 교육을 받을 수 있는 기회를 제공합니다.

5급 사무관 이상의 대부분의 고위 공직자들이 전문 관료의 길을 걷도록 기회를 제공하고 일부의 공직자만 정책 관료(Generalist)로서의 길을 걷도록 인사제도를 운영합니다. 이렇게 관료의 전문가 만들기를 추구하면 정책수립과 실행에 있어서 시행착오도 줄게 되고 업무효율성도

---

36 조정실장제도는 국무총리 밑에 부처를 초월해 직무군별로 고위관료에 대한 인사심사권과 정책조정권을 행사하는 장관급 조정실장을 두는 제도이다.

올라갑니다.

대민 행정업무에 인공지능을 활용하여 업무의 낭비 요소, 부정부패의 개입 요소를 차단하여 업무를 투명하고 간소하게 해야 합니다.

또한 공무원이 자부심을 가지고 일할 수 있도록 지원과 교육을 병행해 나가야 합니다. 공무원들은 상사의 눈치를 보기보다 국민을 바라보고 최선의 서비스를 다해야 합니다.

이외에 관공서에서 수행하기보다 민간이 수행하면 훨씬 잘할 수 있는 일은 과감히 민간으로 이양하여야 합니다. 민영화와 공공기관의 통폐합으로 국민의 세금부담을 줄여야 합니다.

셋째, 공무원의 전문성을 강화하기 위해서는 인센티브제도[37]를 확립해야 합니다.

정부 실패란 흔히 정부가 개입함으로써 오히려 개입하지 않았던 것보다 못한 결과를 가져오는 것을 말합니다. 정부 실패의 중요한 원인 중하나는 '공직자의 사익 추구'입니다. 관료의 집단 이기주의나 승진이나 예산극대화를 염두에 둔 사익 추구나 민간 이익 집단이 연계되어 서로의 이익을 보장해주는 방식으로 국가의 중요한 정책을 결정하는 일이 적지 않습니다. 이를 방치하고 있는 현재의 허술한 제도는 근본적으로

---

37   "정부실패" 소병희 지음. 110p~112p

고쳐져야 합니다. 따라서 제대로 된 보상 제도를 정부 부문에 도입하여 공직자가 의뢰인인 국민의 충실한 대리인이 되도록 해야 합니다.

국가 부채 비율이 높아지는 것을 대부분의 국민은 걱정하고 있습니다. 국가 부채비율이 높아지는 것은 국민의 안정된 생활을 위협할 중대한 요인이기 때문입니다. 따라서 '재정 준칙'을 세우고 이것을 철저히 관리하여 국민들을 안심시킬 책임은 모든 공직자들에게 있습니다. 만일 정해놓은 예산안에서 불가피한 천재지변이 아닌데도 재정적자를 낸 경우에는 그 적자액을 해당 부처의 공무원의 전체 월급에서 조금씩 갹출해서 갚도록 시킨다면 아마도 공무원의 무심한 예산 낭비는 대폭 줄일 수 있을 것입니다. 반면에 재정 적자 폭을 줄이는 데에 성과가 있는 부서에는 승진에 즉각적으로 반영하는 제도를 시행한다면 국가 부채비율을 낮추는데 크게 도움이 될 것입니다.

즉 공공이익과 공직자의 사익을 일치시키는 방향의 '보상 제도'는 성과를 거둘 수 있으므로 신속하게 시행할 필요가 있습니다. 모든 공직자에게 공익을 크게 증진시킨 경우 성과급과 승진과 명예를 보장해주고 그렇지 못했을 경우에는 반대의 불이익이 기다리고 있다는 것을 확실히 해줄 상벌 제도가 필요합니다. 이를 위해서는 정부 업무를 기안하고 집행하는 담당자 실명제를 시행하여 정책의 시행에 대한 기록의 보존과 공개의 의무화가 법으로 정해져야 하고, 공익 증대에 대한 평가시스템도 마련되어야 합니다. 이와 같은 상벌 제도가 확실히 세워져야 공직자들에게도 동기부여가 생기고 자기업무의 전문성 강화를 위해 스스로 매진하므로 작은 정부로도 국민을 충분히 행복하게 할 수 있습니다.

아들딸 힘들지?

(3) 작은 정부는 '규제 개혁'으로부터 시작된다

    자본주의 사회에서 규제가 필요할 수밖에 없는 이유는 자본주의 시장체제 자체가 완벽한 체제가 아니기 때문입니다. 시장 경제가 완전하지 않기 때문에 가지고 있는 자체적인 결함이 있는데 그것은 시장 경제 자체가 자유로운 경쟁을 전제로 하고 있어서 능력 있는 사람에게 언제나 유리한 것입니다. 그러므로 능력의 차이에 따른 '격차' 발생을 해소하여 형평을 이루기 위한 정책이 필요하게 됩니다. 또한 사회 자체를 안전하게 지키기 위한 공익 차원에서도 규제가 필요합니다. 사회 구성원의 '생명과 안전'을 자연적인 재해나 인위적인 재해로부터 지키려면 산업 현장의 안전이나 환경의 안전이 적절하게 규제되어야 합니다. 그렇지 않고 자유방임에 맡겨두면 이 사회는 금방 아수라장이 되고 맙니다. 이처럼 규제가 우리 사회에서 꼭 필요한데 문제는 규제가 지나치게 많아지면서 시장의 생산성을 낮추고 기업 활동을 위축시켜 경제를 침체시키는 문제도 생기고 있습니다. 따라서 '공정한 경쟁'과 '자유로운 경제 활동'을 동시에 만족시키는 최소한의 규제가 우리에게 필요합니다. 그러면 어떻게 해야 이러한 조건을 만족시킬 수 있을까요?

   1) 현장 중심의 규제 행정[38]
    새로운 규제를 만들 때 철저한 현장 점검을 통해서 설계하고 규제를 받아야 하는 이해관계인의 참여도를 높이고, 규제가 실제 어떻게 작동

---

38 "자유, 평등 그리고 공정. 경제정책 어젠다 2022" 임종룡 지음. 173p~232p

하는지 그리고 규제 실행 이후에 문제제기를 할 수 있도록 소통 창구를 열어두어야 합니다. 이에 따라서 현장에 맞지 않는 규제는 신속 과감하게 없애는 한편 기존의 규제를 다른 규제로 보완해서 다시 만드는 '규제의 덫'에 빠지지 않도록 국민이 공직자를 감시해야 합니다.

2) '규제영향분석제도'에 충실하자.

'규제영향분석제도'란 규제를 실시 할 경우 시장에 어떠한 비용을 발생시키며 그 비용이 과연 규제를 실시해서 얻을 수 있는 규제 편익보다 적은지 여부를 평가하는 제도입니다. 모든 규제를 신설하거나 강화할 때에 필수적으로 거쳐야 하는 핵심적인 절차입니다. 이 제도의 취지는 규제가 결국 '시장의 현실'을 얼마나 반영하고 있는지를 면밀히 파악하여 비교해보고자 하는 것입니다. 즉, 이러한 절차가 형식화 되거나 규제에 따른 중장기적인 파급 효과를 축소하거나 간과한다면 규제는 목적을 달성하지 못하고 실패하게 될 수 있습니다. 따라서 규제를 신설하거나 강화하고자 할 때에는 반드시 충분한 시간을 두고 절차를 다 거쳐 가며 신중하게 해야 규제의 질은 높이고 양은 줄일 수 있게 됩니다.

3) '총량규제'를 통해 규제의 숫자를 줄여나가야 한다.

1997년 외환위기를 해결해야 하는 국정과제를 안고 대통령에 취임한 김대중 대통령은 IMF로부터 빌린 자금을 조기에 상환하며 외환위기 탈출에 성공했습니다. 1998년에 김대중 정부가 시행했던 정책 중에 '규제 50% 폐지'가 있었습니다. '규제 50% 폐지' 기준을 제시하고 부처별로 실행하여 1년여 만에 11,000여개 이었던 규제가 7,000개 수준으로 줄어드는 성과[39]가 있었습니다. 이처럼 규제 폐지의 비율을 제시한다는 것 자체가 지나치게 단순한 사고의 행정이라고 비난 할 수도 있지만, 아무튼 각 부처가 규제 전체를 재점검하는 계기가 되었고 상대적인 성과도 컸다는 평가가 있었습니다. 1999년부터 2007년까지는 규제가 5,000건 수준까지 줄어들었지만 2008년부터 갑자기 규제가 급증하여 지금까지는 15,000건이 넘는 수준에 이르고 있습니다. 이렇게 많은 규제는 기업을 질식시키고 기업가정신을 훼손시켜 결국 기업이 좋은 일자리를 만들 여지를 없애 버립니다. 따라서 정부와 국회는 전체 규제의 총량을 줄여가는 시도를 지속해야 합니다. 그러면 규제의 총량을 줄여나가는데 도움이 될 정책은 무엇일까요?

규제를 담당하고 있는 공무원인 입장에서는 규제를 푼 사람이 사후적인 책임을 져야 하므로 적극적인 행정보다 보신주의로 움직일 수밖에 없습니다. 그러므로 거국적으로 전 행정부 차원에서 규제 총량을 절반으로 줄인다는 목표를 정하고 이를 실행하는 과정에서 생기는 문제에 대해서는 담당 공무원을 문책하는 일이 없도록 보장되어야 합니다. 이러한 과정을 통해서 규제는 개혁되어야 하고 할 수 있습니다. 규제가 개혁되면 경제가 살아나고 좋은 일자리가 넘쳐 국민이 행복하게 됩니다.

---

39   "자료: 2013년~2015년 규제개혁백서, 국무조정실"

(4) 작은 정부는 '공공기관의 통폐합과 민영화'로 완성된다

민간 부문보다 효율성이 떨어지는 공공 부문의 확대는 정부 지출 증가로 연결되어 재정 적자와 국민 조세 부담을 증가시켜 경제성장 동력의 약화와 국가 쇠퇴의 길로 들어서게 됩니다. 따라서 공공 부문은 국가 안보와 국민의 생명과 관련된 부문 등 불요불급한 곳을 제외하고는 기구 축소와 통폐합 또는 민영화해야 합니다. 이렇게 해야 국민의 삶이 편안해지고 국민이 행복하게 됩니다.

노동당이 집권을 하고 있던 예전의 30년간의 노동당 시절의 영국은 '유럽의 병자'로 조롱받았습니다. 30년간 노동당은 '요람에서 무덤까지' 모든 복지를 나라에서 책임지던 큰 정부였습니다. 큰 정부의 역할과 규제로 인해 사회에서 개인과 기업이 담당해야 할 부문이 약화되다 보니 개인과 기업의 창의적인 노력이 사라졌습니다. 그 결과 장기간의 경제침체와 실업으로 인해 온갖 문제가 노출되었습니다. 결국 노동당에서 보수당으로 정권이 바뀌고 대처 수상이 집권하면서 사회가 정상을 되찾았는데 그때에 적용했던 정책[40]을 살펴보면

첫째, 공공기관과 공기업 중에서 생산성이 낮은 곳을 골라서 민영화하여 공공서비스 개선과 비용절감을 이루었습니다. 감세정책과 노조와 교육과 보건부문 구조개혁으로 선택적 복지로 전환하여 정부의 역할

---

40 "대처스타일" 박지향 지음. 162p~183p

아들딸 힘들지?

을 줄이고 개인의 자율을 존중하였습니다.

둘째, 과도한 정부지원 및 보조금의 삭감으로 현금살포 포퓰리즘 정책을 대부분 폐지하거나 축소하고, 좀비기업의 시장 퇴출 및 기업 인수합병을 허용하여 나라 경제의 주체를 정부에서 민간기업으로 되도록 하였습니다.

대처 수상의 개혁이 영국경제를 다시 정상궤도로 돌려놓은 것처럼 우리도 민간과 비교하여 생산성이 낮은 공공 부문을 골라내서 축소하고 민영화시켜야 합니다.

공공기관 통합경영정보공개시스템인 알리오(www.alio.go.kr)에 따르면 2021년도 공공기관은 350개(공기업 36개, 준정부기관 96개, 기타 공공기관 218개)입니다. 여기에 근무하는 임직원들은 409,374명입니다.

국민의 세금으로 운영되는 이러한 공공기관이 평가받아야 할 지표는 국민의 복지증진을 위해 해당 기관이 어느 정도의 공공성으로 기여하고 있느냐, 그리고 운영에 따른 수익성이 어느 정도 되느냐 입니다.

국민의 혈세가 투입되므로 운영을 잘하고 있느냐를 평가해야 합니다. 유사 또는 중복된 기능이 있는 기관이라면 통폐합하여 구조조정 해야 합니다. 즉 공공성, 수익성, 기관조직의 필요성 등을 객관적으로 평가하고 구조조정하여 공공기관에 투입되는 예산을 줄여야 합니다.

특히 각 공공기관을 매년 평가하여 크게 손실이 났음에도 불구하고 기관장들이 성과급을 받아가는 작태는 즉각 시정되어야 합니다. 기관장뿐만 아니라 해당 공공기관의 임직원에 대한 매년 성과급 지급도 국민복지에 기여한 정도와 달성한 손익을 평가하는 외부전문가로 구성된 심사위원회의 평가결과로 지급되어야 합니다. 공공기관의 평가를 지금처럼 기획재정부가 하기보다 대통령 직속으로 감사원과 민간의 전문가들을 중심으로 한 평가위원회가 평가하도록 해야 합니다.

이렇게 공공부문을 엄격하게 관리해야 하는 이유는 국민의 삶의 질을 개선하기 위해 국민에게 세금으로 부담 지우는 일을 줄이기 위함입니다. 경제가 활성화되고 국가가 번영하기 위해서는 정부의 조직과 씀씀이를 줄이는 것이 마땅하고 이로 인해 각종 세금을 덜 걷어도 나라가 운영됩니다.

공기업의 만성적자는 고질적인 문제입니다. 공기업의 민영화를 통해서 생산성 향상을 이룬 사례[41]가 많이 있습니다. 우리나라의 대표적인 국영기업이었던 포항제철은 1990년대까지 15~18%의 영업이익률을 올렸지만 포스코로 민간기업으로 되고 나서 영업이익률이 2003년에 21.3%, 2004년에 25.5%, 2005년에 27.3%라는 경이적인 성장을 하였습니다. 민영화 이후 업무 프로세스 개선과 생산효율 증대에 힘썼기 때문에 가능한 일이었습니다.

---

41   "작은 정부가 답이다" 최승노 지음. 82p~83p

아들딸 힘들지?

또한 대한석유공사가 SK이노베이션으로, 한국 이동통신이 SK텔레콤으로, 대한항공공사가 대한항공으로 공기업이 민간기업으로 민영화되었는데 결과는 전부 대성공이었습니다. 이처럼 민영화는 자유경쟁을 추구하는 시장에 내던져지는 것이기 때문에 해당 회사의 임직원들이 분발하지 않을 수 없으므로 이것이 성장의 원동력이 됩니다.

따라서 공공기관에 대한 세금 지원을 줄이고 민영화를 늘려서 국민의 부담을 줄여주는 것 이것이 진정한 의미의 정치입니다. 또한 공기업을 민간에 매각할 시에는 국가의 지분을 국민에게 주식으로 나누어주어 그 혜택이 국민 전체에게 돌아가도록 해야 합니다. 다시 말해서 공기업을 국민 기업으로 만드는 것입니다. 이것이 중산층을 두텁게 하는 한 가지 방법이기도 합니다. 게다가 공공기관을 줄이면 줄일수록 동시에 국민에 대한 정부의 규제도 함께 줄어듭니다.

5장

생산성 향상과
혁신이
우리가 살길이다

＊＊＊

나라가 얼마나 부강한가에 따라 그 나라의 국민의 생활 수준이 달라집니다. 진정한 의미의 국가의 부(富)는 모든 국민에게 높은 생활 수준을 제공할 수 있는 국가의 능력입니다. 그런데 이 능력은 정부의 노력보다는 개인과 기업의 지속적인 생산성 향상과 혁신에서 나옵니다. 생산성 향상과 혁신의 잠재력의 크기는 국가의 장기성장률과 깊이 연관되어 있습니다. 우리나라의 지난 20년간 장기성장률이 5년마다 1%씩 감소하는 법칙[42]이 지속되고 있습니다. 그 이유는 생산성 향상에 실패했기 때문입니다.

왜 생산성 향상에 실패했을까요?

2000년대까지는 선진국 제품을 신속히 모방하고 막대한 시설투자와

---

42 "창의혁명" 서울대학교 창의성 교육을 위한 교수 모임. 62p~66p

많은 노동시간을 투입하여 선진국보다 싸게 팔아 경제성장률을 유지할 수 있었습니다. 그런데 국민소득이 2만 달러가 넘어가면서 선진국들이 한국에 대해 경계심을 갖고 대하다 보니 그들의 기술을 확보하기가 어려워졌습니다.

이러한 상황에서 모방이라면 둘째가라면 서러워할 중국이 가격을 무기로 재빠르게 우리를 쫓아 오면서 세계시장에서 우리의 점유율은 점점 줄어들기 시작했습니다. 고부가가치가 있는 제품은 기술 획득해서 개발하기가 점점 어려워지고, 중저가가치의 제품은 가격경쟁력을 잃게 되었습니다. 그동안 우리나라는 선진국의 소재 및 부품과 장비를 도입하고 완성품으로 만들어서 부가가치를 올려왔는데 이 전략이 점점 끝이 보이게 되었습니다. 이제 우리가 가야 할 길은 결국 독일, 일본, 미국 등 선진국이 지금 가고 있는 길을 부지런히 따라가야 할 형편입니다.

소재와 부품과 장비 분야는 여전히 부가가치가 높기 때문에 늦었지만 지금이라도 뛰어들어 우리의 몫을 차지해야 합니다.

노동생산성을 간단한 지표로 표현하자면 생산품의 가치 총액을 생산에 투입된 노동자의 인원수로 나누면 됩니다. 그러면 노동생산성을 국제적으로 비교할 수 있습니다. 이 수치를 가지고 각 나라가 가지고 있을 브랜드 가치를 곱하면 국가경쟁력의 지표가 됩니다.

우리의 수출상품이 국제시장에서 가격경쟁할 때에 우리가 받을 수 있는 상품가격의 범위는 Made in Korea의 브랜드 가치에 따라 정해집니다. 그 범위 안에서 노동생산성이 높아지면 높아진 만큼의 월급지불여력이 더 있다고 볼 수 있고, 노동생산성이 올라가지 않으면 월급지불여력이 줄어드는 것이지요. 따라서 생산성 향상이 노동자의 삶의 질을 좌우하는 필수요소입니다. 그런데 생산성 향상을 이루기 위한 전제조건이 있습니다.

그것은 주 52시간의 노동과 최저임금을 정부의 강제사항이 아니라 권장사항으로 하는 것이어야 합니다.

특히 주 52시간 노동이 강제사항이 되어 기업의 생산성 향상에 걸림돌이 되는 경우에는 현재에 2%대의 저성장에서 벗어나지도 못하고 경기침체와 기업 부도와 실업자 급증으로 연결됩니다. 노동시간을 줄이는 것과 생산성 향상이 동시에 이루어져야 좋은 일자리가 지켜질 수 있습니다.

현재에는 52시간 노동제도를 노동자가 위반하면 그를 고용한 고용주가 2년 이하의 징역이나 2,000만 원 이하의 벌금을 물게 되어있습니다. 그러나 이 제도로 전 국민을 강제하는 것은 생산성 향상을 가로막는 장벽이 될 수도 있음과 동시에 국민이 스스로 행복을 추구할 권리[43](헌

---

43 헌법10조 "모든 국민은 인간으로서의 존엄과 가치를 가지며, 행복을 추구할 권리를 가진다. 국가는 개인이 가지는 불가침의 기본적 인권을 확인하고 이를 보장할 의무를 진다."

법 10조)를 침해하는 것일 수도 있습니다.

에디슨이 전구를 발명할 때에 필라멘트 소재로 무엇을 쓸 것인가로 3,000번 이상의 실험을 했다고 합니다. 최종 재료로 선택된 것은 텅스텐입니다. 3,000번의 실패를 하는 과정에서 해서는 안 되는 그 기술의 약점과 한계들이 무엇인지 알게 되고 한계기술과 오류들이 축적됩니다. 그리고 나면 성공 가능성이 높은 방법과 기술만 남게 되는데 최종적으로 혁신적인 기술을 채택하고 성공의 길로 들어섭니다. 밤낮없이 수많은 실험과 실패의 연속에서 혁신적인 방법의 싹이 자라다가 어떤 순간에 혁신이 꽃피고 순식간에 열매를 맺게 되는 것이지요.

이렇게 연구개발종사자들은 땀과 노력으로 이룬 혁신의 결정체를 얻기 위해 밤낮없이 노력해야 하는데 주 52시간의 한정된 시간의 연구만으로는 어림도 없는 일이지요.

선진국의 어느 나라치고 연구개발 업무 조직에 대해서는 근무시간을 강제하는 경우가 거의 없습니다. 만일 연구개발 부문까지 주 52시간을 정부에서 강제한다면 글로벌 시장에서 경쟁하는 한국기업들이 제품개발 경쟁에서 뒤처지고 그 결과는 해당 기업의 폐업으로 이어져 결국에는 그 피해가 국민에게 돌아갈 뿐입니다.

또한 우리보다 앞선 선진국의 경우에도 근무시간 규제에 있어서 고연봉자들은 예외로 두고 있습니다. 따라서 우리도 연봉 1억 이상의 고임

아들딸 힘들지?

금자들에게는 근무시간 제한을 두지 않는다든지 하는 것이 합리적입니다. 투자 은행이나 컨설팅 회사 같은 경우에도 주 52시간 예외 업종으로 하는 것이 좋습니다.

조선업과 건설업도 주 52시간 예외 업종이 되어야 합니다. 조선업이나 건설업 역시 야외작업이 70% 이상이 되기 때문에 우천이나 태풍, 혹서기, 혹한기에는 부득이 일을 할 수 없습니다. 이때에 밀린 일을 특근이나 잔업으로라도 메꾸어야 하는데 주간근무만으로는 공정과 납기를 맞추지 못합니다. 신규 인력충원으로 납기를 맞추면 되지 않느냐는 것은 그야말로 책상에 앉아서 하는 공상일 뿐입니다. 사람 머리 숫자로 일이 되는 것이 아니라 숙련공이 있어야 일이 됩니다. 파트타임으로 잠시 와서 남의 현장을 도와줄 숙련공은 없습니다. 숙련공들은 이미 좋은 대우를 받고 정규직으로 어디서든지 일하고 있을 테니까요. 특히 조선업에서 가장 많은 일은 용접과 도장인데 이 일은 공정납기가 다가오면 철야 작업도 불사해야만 합니다. 어떻게 주 52시간을 지키며 하라는 이야기인가요? 조선업의 협력업체 사장들의 하소연입니다.

더 벌기 위해서 좀 더 많이 일하고 싶은 욕구를 정부에서 틀어막는 것 자체가 개인의 자유를 침해하는 것입니다. 주 52시간 노동을 못 지켰다고 혜택을 못 받는 것은 견딜 수 있지만 처벌을 받아야만 하는 것은 참기 어려운 것입니다. 세월이 지나가면서 서서히 주 52시간 노동이 우리 사회에 뿌리가 내리기까지 정부는 시간을 갖고 기다려주어야 합니다. 주 52시간의 노동시간을 지키는 업체에게 세제 혜택이나 공공기관 일감수주 자격이나, 정부의 지원보조금을 받을 자격을 주거나 은행 대출금의 이자를 감면해주거나 해서 정부의 정책을 자발적으로 따라 오게 하는 것이 더 나은 방법입니다.

왜냐하면 정부가 기업을 상대로 강제력을 행사하여 처벌 위주로만 하면 그 결과는 기업 하는 사람들의 의욕을 떨어뜨려 결국은 기업가정 신이 훼손되고 그 결과 좋은 일자리는 사라지고 사회불안만 조성될 뿐 입니다. 새로운 정책을 시행할 때에는 정부가 달성하고 싶은 기준을 초 과하는 기업에게 상을 주는 것이 미달하는 기업을 처벌하는 것보다 더 욱 효과적입니다.

결론적으로 주 52시간 노동은 권장사항이어야지 강제사항이어서는 안됩니다. 생산직의 주 52시간 노동도 신제품의 생산과 출하 그리고 성 수기와 비수기에 따른 출하량 조절에 맞추어 각 기업이 노사 합의에 의 해 근무시간을 자율적으로 조절하도록 용인해줄 필요가 있습니다.

한국의 노동생산성은 미국 같은 선진국의 절반 수준입니다. 그동안 장시간의 노동 투입으로 노동생산성의 부족을 보충해왔습니다. 먼저 노동생산성 향상을 위한 시설투자가 국가와 기업에 의해 선행된 다음 에 주 52시간 노동제도로 이행되었어야 했습니다. 그런데 아무런 조치 없이 주 52시간 노동제도가 졸속으로 시행되다 보니 그 부작용으로 노 동자의 월급이 줄어들었습니다.

중소기업의 대부분 노동자들이 수십만 원에서 100만 원의 급여가 삭감되었습니다. 야근과 특근이 없어지면서 저녁이 있는 시간이 되었지만 생활은 쪼들리게 되었습니다. 그래서 본업과 상관없는 투잡을 뛰면서 부족한 수입을 보충하는 사람들도 많아졌습니다. 그러나 심야나 새벽에 아르바이트로 일하느라 피곤하여 정작 자신의 본업인 주간의 업무에 집중하지 못해 도리어 노동생산성이 떨어지는 악순환이 반복되고 있습니다.

　　최저임금제도도 지역별, 업종별로 차등을 둘 필요가 있습니다. 지역별, 업종별로 판매점포의 평당 매출액의 차이가 있습니다. 이러한 현실을 반영하여 그것을 최저임금에 반영하지 않으면 가장 급여가 낮은 업종의 취준생과 비정규직이 가장 먼저 타격을 받아 그들의 일자리 자체가 없어질 것이 분명합니다. 또한 인구 밀도가 낮은 지방 도시나 농어촌 등은 소매업체의 평당 매출액도 수도권에 비해 낮습니다. 그러한 지역에 서울과 수도권과 동일한 최저임금을 요구하는 것은 현실적으로 맞지 않습니다.

　　따라서 지역별 최저임금 제도를 도입하지 않으면 농어촌과 지방 소도시의 서비스업의 노동자들은 취업이 되지 않으므로 제일 먼저 타격을 받아 실업자가 될 것입니다. 그러므로 최저임금제도도 지역별로 차등을 주는 것이 바람직합니다. 중앙정부가 대략적인 가이드라인만을 제시하고 각 지방의 지자체장이 지역의 의견을 수렴하여 정하도록 하는 것이 어떨까요? 업종별 최저임금도 정부의 가이드라인을 바탕으로 각 업종을 대표하는 기관의 책임자가 자체적으로 의견을 수렴하여 최저임금을 정하는 방법입니다.

원래 최저임금은 인력시장에서 수요와 공급의 법칙에 따라 저절로 정해지는 것이 맞습니다. 정부가 강제로 개입하는 것은 도리어 여러 가지 문제를 만들어냅니다.

일반적으로 시장에서 형성된 임금보다 월급을 적게 주면서 일을 시키려고 하는 짠돌이 고용주들은 직원을 뽑는 데에 어려움을 겪을 것이므로 자연스럽게 고용시장에서 퇴출됩니다. 고용시장에서 퇴출되지 않기 위해서라도 월급을 올릴 수밖에 없고 결국은 시장에서 형성된 임금과 비슷하게 됩니다. 게다가 경쟁자들보다 사업을 더 잘하기 위해서는 월급을 좀 더 주더라도 숙련된 노동자를 구하려는 또 다른 경쟁에 의해 시장에서의 월급은 자연스럽게 인상되게 되어있습니다. 이러한 인력시장의 자율적인 움직임을 무시하고 정부에서 급격하게 최저임금을 인상하고 그것을 규제하면 그 결과로 저 숙련 노동자와 취업 시장에 처음으로 진입하려는 취준생들이 취업을 못 하고 실업자군으로 전락하게 되어버립니다.

따라서 실업문제를 해결하기 위해서는 노동생산성 향상을 위한 설비 자동화투자에 투자세액공제를 확대하고, 비정규직의 직업교육 훈련을 확대 실시하고, 동시에 처우도 개선하도록 조치해야 합니다.

134

좋은 일자리를 많이 만들려면 법인세 인하, 투자세제 지원, 규제 개혁, 노동시장제도의 선진화, 기술개발 촉진, 교육 혁신, 정책의 예측 가능성 제고 등이 함께 어우러져야 합니다.

미래는 예언할 수 없지만 창조할 수는 있습니다. 따라서 인공지능과 기계문명으로 만들어가는 사회에서 사람의 역할을 어떻게 구분하고 조화시키는가에 미래가 달려있습니다. 사람의 할 일을 잘 구분하고 인공지능과 기계와 협업하는 것을 잘 준비할 때에 노동자는 더 적은 시간을 일하면서 더 많은 자유 시간과 재충전과 행복한 삶을 보장받을 수 있습니다.

"생산성이 전부는 아니지만 장기적으로는 거의 전부다."

노벨경제학상 수상자 미국 폴 크루그먼 교수의 말대로 좋은 일자리는 생산성 향상을 바탕으로 생겨납니다. 오늘 한국 경제가 저성장에 빠진 것은 생산성 향상에 제동이 걸려있기 때문입니다. 그저 그런 제품은 우리나 중국이나 인도나 베트남에서나 똑같이 만들어냅니다.

그런데 이 나라 중에 우리의 인건비가 가장 비쌉니다. 그만큼 판매가격 경쟁력이 없어지니 물건이 안 팔립니다. 그러니 회사들은 문을 닫게 되고 고임금을 지급할 수 있는 일자리는 점점 사라지는 것이지요. 생산성 향상은 회사의 생산부서만 해야 할 업무가 아니라 전사적으로 전국적으로 늘 해야 할 가장 중요한 일입니다.

개도국, 중진국들이 만드는 그저 그런 상품을 우리는 조금 더 다르게 기능과 품질을 끌어올려서 더 비싼 값이라도 팔릴 수 있도록 부가가치를 더해준다면 그로 인해 명품대열로 올라서게 됩니다. 그러면 직원들은 월급을 더 받아도 회사는 경영이 될 수 있습니다. 이렇게 되도록 전국적으로 운동이 일어나야 합니다. 예전에 했던 Q.C분임조 활동이 다시 부활되어야 하며 생산성 향상과 혁신을 위한 제반 활동이 다시 활발하게 일어나야 합니다.

각종 발명대회와 벤처 창업의 분위기가 고양되어 이를 바탕으로 기업가정신이 고취되어야 합니다. 도전과 모험을 통해 밝은 미래사회를 앞당기려는 청년들이 많이 나와야 합니다.

'생산성 향상과 혁신'이 우리나라가 선진국으로 지속적으로 발전해 나가는 열쇠라면 어떻게 해나가야 할까요?

(1) 제조현장 설비의 최적화 배치

단순 기능을 반복해서 생산하는 대량생산시스템은 이제 중국을 거쳐서 베트남과 인도로 가버렸고 지금도 계속 가고 있습니다. 국내제조업체의 괜찮은 일자리가 씨가 말라가고 있는 지금 어떻게 생산성을 끌어올려 좋은 일자리를 많이 만들 수 있을까요?

그 해법에는 사람에의 투자보다 나은 방법이 없을 것입니다. 이제까지 단순 기능을 하던 제조현장의 사원들이 다기능을 감당하도록 준비시켜야 합니다. 미국과 중국 간의 무역 전쟁으로 촉발된 보호무역주의 기조가 강해지면 강해질수록 점점 무역 규모는 쪼그라들고 세계경제는 침체로 빠지기 쉽습니다. 값싼 단순 기능 인력이 풍부한 중국과 베트남, 인도 등과 우리가 가격경쟁으로 이길 수는 없지만 품질과 고부가가치 제품으로 우리의 전장터를 옮긴다면 충분히 승산이 있습니다.

필자가 직접 현장을 방문했던 유공압기기를 전문제조 수출하는 일본의 어느 업체는 일본 내 생산으로도 세계시장에서 가격경쟁력을 유지하기 위해 제조현장 직원들을 다기능화하는 데 성공했습니다. 주부 사원이 NC자동화선반을 다루어 부품을 가공하는데, 비수기에는 직접 NC기계 1대로 작업을 하다가 성수기로 들어서면 본인이 작업 하던 기계는 멈추고 공장 내에 이미 설치되어 있던 자동화 로봇을 가동시키고 관리하면서 생산량을 끌어올려 판매수요에 대응합니다. 이 주부 사원은 성수기, 비수기에 모두 대응할 수 있도록 다양한 기계를 작동하고 관리할 수 있는 다기능 보유자입니다. 이처럼 사람에 대한 투자로 사원을 다기능화 전문요원으로 준비시키는 것이 생산성 향상의 열쇠 중의 하나입니다.

4차 산업혁명이 빠르게 진행되면서 인공지능을 활용한 빅데이터 사업 등으로 기존의 산업군에서 대량의 실직사태가 일어날 가능성이 큽니다. 이미 대기업과 은행의 콜센터의 전화교환원은 대부분 AI 스피커 대응으로 바뀌었습니다. 대부분의 고객이 AI 스피커와 상담을 하고 AI로 상담이 곤란한 영역만 전화교환원이 대응합니다. 그 많던 전화교환원들이 이미 실직을 당해서 직종을 바꾸었을 것입니다.

따라서 이러한 실직사태를 막고 우리들의 안정된 일자리를 계속 유지하려면 빠르게 변화하는 직무 환경을 따라잡기 위한 지속적인 재교육이 필요합니다. 그리고 이러한 체제를 준비하기 위해서는 기존의 실업수당과는 다른 재원이 필요하고 이러한 재원을 어떻게 마련할 것인지에 대해서도 국가 차원에서의 준비가 필요합니다. 거국적인 차원에서 산업혁명의 흐름에 능동적으로 올라타지 않으면 대량의 실직사태로 궁핍한 상황에 몰리는 계층이 급증하여 사회불안을 크게 유발하게 됩니다. 이것은 결국 산업혁명의 선도 국가에게 경제적 주권을 빼앗기고 노예 상태로 전락할 위험에 빠지게 됩니다.

그러므로 이와 같은 사태를 미연에 방지하기 위해서는 산업혁명시대에 걸맞은 교육체계의 준비와 실행(직무훈련센터)이 거국적으로 일어나야 합니다. 이러한 직무훈련센터를 활용한 생산성 극대화 방법은 그저 생산현장에 사람의 노동력을 최소화하여 인공지능과 로봇에 맡기는 것을 뜻하는 것이 아닙니다. 산업현장에서 가장 바람직한 생산성 향상 방법은 사람이 수동으로 해야 할 작업과 반자동화 해야 할 것과 완전자동화해야 할 것을 작업자를 중심으로 가장 바람직하게 나누는 데 있습니다. 이것이 궁극적인 생산성 향상과 혁신의 방법이라는 것을 실패한 사례를 통해 살펴보면 아래와 같습니다.

유명한 스포츠 용품 업체 아디다스가 야심차게 시작했던 로봇 신발 공장인 '스피드 팩토리'를 3년 만에 접는다고 합니다. 로봇을 이용해 신발생산 공정을 완전 자동화하여 2016년에 독일 안스바흐에서 처음 가동했고 2017년에는 미국 애틀랜타에서도 공장을 가동했습니다. 자동화된 생산라인을 통해 생산시간을 단축하고 소비자 개개인의 기호에 맞춘 소량생산이 가능하도록 계획하였습니다. 아디다스 측에서 막대한 자금을 들여 만든 '스피드 팩토리'를 스스로 접었다는 것은 실패를 자인하는 것입니다. 아디다스 측에서는 왜 공장을 폐쇄하는지 그 이유를 밝히지는 않았지만, 관련 기술을 중국과 베트남의 공장으로 이전시키겠다고 합니다. 외신들이 추정하기로는 로봇 공장에서 만들 수 있는 신발의 종류가 제한될 수밖에 없고, 다양한 신발을 로봇으로 생산하려면 더욱 막대한 시설투자를 해야 하는데 그렇게 하기에는 투자 대비 매출이나 생산효율이 나오지 않기 때문으로 추측합니다. 완전 자동화 시스템은 여러 가지 조건을 고정시킨 특화생산 시스템입니다. 따라서 생산할 제품의 변수가 늘어나거나 하면 자동화 라인을 쉽게 바꿀 수가 없습니다. 그래서 완전자동화 공장은 실제의 제조현장에서 적용하기에 현실성이 떨어지는 시스템입니다.

그렇기 때문에 작업자의 수동 작업과 치구와 공구의 도움을 받는 반자동화 작업과 일부 공정은 로봇에 의한 완전자동이 되도록 하되 이 모든 작업은 작업자를 중심으로 가장 합리적으로 구성되어야 최고의 생산성을 올릴 수 있습니다. 이것이 진정한 의미에서 생산혁명이며 우리가 계속 추구해야 할 방향입니다. 생산 공정의 특성을 고려해 수요변동에 유연하게 대응할 가장 경제적인 생산체제를 구축하는 것이 관건입니다. 생산현장의 사원이 다기능화되어 공정합리화의 주역이 될 때에 생산성 향상과 혁신이 가속됩니다. 이러한 생산성 향상과 혁신의 열매는 결국 노동자의 급여와 복지의 향상으로 연결됩니다. 국내 대기업들은 4차 산업혁명에 대응할 자금과 조직과 경험에서 충분한 역량이 있습니다. 그러나 전체 기업의 90%가 넘는 중소기업들은 산업혁명에 대응할 준비가 제대로 되어있지 않습니다. 중소기업들이 4차 산업혁명에 성공적으로 올라타도록 국가에서 지원하기 위하여 정부가 해야 할 주요한 역할이 있습니다. 정부는 해당 중소기업이 자동화 시설투자와 생산성 향상을 연계시켜 좋은 열매를 거둘 수 있도록 멘토 역할을 추가해야 합니다.

세무당국은 각 회사의 재무제표 등 경영실적 자료를 갖고 있습니다.

세무 당국은 상공회의소, 한국생산성본부, 테크노파크, 생산기술연구원, 한국표준연구원과 협업하여 동종 업계의 시설투자 성공과 실패 사례에 대한 자료를 확보하여 신규로 시설투자하려는 해당 중소기업과 공유하면 시설투자의 실패를 예방할 수 있습니다. 이러한 자료를 바탕으로 대기업에서 은퇴한 각 분야의 실무전문가들로 팀을 구성하여 그들의 경륜과 지혜를 중소기업에게 제공하게 합니다. 이러한 멘토 제도는 성공적인 시설투자와 생산혁명의 길로 이끌어줄 수 있습니다. 정부가 이러한 멘토들을 채용하고 준비시켜 중소기업이 산업혁명에 성공적으로 올라타도록 지원해야 합니다. 아무튼 중소기업이 착한 로봇과 숙련된 기술자의 만남으로 고부가가치 제품을 개발하여 생산성 향상에 매진하도록 정부의 지속적인 관심과 지원이 필요합니다.

(2) 산.학.연.관 협력을 강화하자
(산학연관: 산업체+대학+국가 출연 연구소+정부의 지원조직)

인구 3억3천만의 미국의 장기 경제 성장률이 인구 5천200만의 우리나라 장기 경제 성장률보다 큰 이유는 미국이 생산성 혁신을 바탕으로 한 혁신 성장이 지속적으로 이루어지고 있음을 보여주는 증거입니다. 그 이유는 미국이 우리나라보다 산.학.연.관의 연구협력체제가 잘되어있기 때문입니다. 미국뿐만 아니라 제조업이 강한 독일과 일본을 살펴보더라도 산학연의 유기적인 연결과 공동 연구 개발 프로젝트가 다른 국가들보다 압도적으로 많고 이러한 공동연구 개발 프로젝트를 정부의 지원 조직이 지탱해주고 있습니다. 결국은 산학연의 협력과 협업은 국가의 개발 능력의 척도라고 볼 수 있습니다.

과연 우리나라는 산학연의 개발 협력 정도가 이들 선진강국에 비하면 어느 정도의 수준일까요? 우리나라의 성공한 산학협력의 사례 중에서 1976년에 KIST와 일진금속[44]간의 동복강선[45](CCS, Copper Clad Steel)의 국산화 성공사례가 있습니다. 전신주와 전신주 사이를 잇는 전선의

---

44 "창의와 도전, 행복한 50년(허진규 일진그룹 회장의 도전과 혁신 스토리)" 214p~229P
45 철선 위에 구리가 도금되어 있는 전선으로 동축케이블, 고주파 신호케이블, 전기통신선, 자동차공업용 전선, 열선 재료 등으로 쓰인다.

경우 구리선으로만 사용하면 구리는 온도가 높아지면 늘어지는 단점이 있어서 이로 인해 전선의 유지보수가 어렵습니다. 그래서 이미 선진국에서는 철선에 구리를 피복한 동복강선을 쓰고 있었는데 이 전선이 너무 비싸다 보니 수입해서 쓸 수 없었습니다. 어떤 민간기업에서 국산화를 시도했었으나 10년 동안이나 실패해왔던 제품이었습니다.

1976년에서야 KIST와 중소기업인 일진금속의 산학협력에 의해 파일럿 플랜트를 만들어 성공시켰고 이를 계기로 중동의 이란으로 당시에 500만 달러어치 동복강선을 수출하는 계기가 되었습니다. 지금의 물가 시세로 따지면 5억 달러 규모 정도가 됩니다. 동복강선의 성공은 농가의 침침한 호롱불을 밝은 전깃불로 교체하는 데에 견인차가 되어 새마을운동의 농촌근대화에 지대한 공헌을 하였습니다.

중소기업은 시장을 바라보는 안목이 있는 대신에 연구개발 인력이 부족하고 반면에 이공계 대학은 개발능력이 있는 석, 박사인력이 있지만 사업수행 능력이나 재정적인 여건이 안 되어있는 것이 현실입니다. 그러므로 기업의 사업수행 능력과 대학의 인적자원이 결합하면 얼마든지 세계시장에서 통할 수 있는 제품을 개발하여 기업과 대학이 함께 성장할 수 있는 기회를 만들어낼 수 있습니다. 기업과 대학이 결합하여 좋은 일자리를 창출할 수 있는 기회가 무진장으로 열리게 됩니다.

따라서 특히 이공계 대학은 실험 실습시간을 확대하여 기업에서 즉시 현장에 투입할 수 있는 인재양성을 목표로 두어야 합니다. 기업이

아들딸 힘들지?

대학에 이공계 대졸자가 갖추어야 할 기본적인 전공 실력과 소양 수준을 구체적으로 요구하고 전공별로 해당 내용을 대학에서 실험 실습을 통해 가르치도록 교과과정에 배정해야 합니다.

실험과 실습 등 응용기술과 실기에 강한 교수진을 양성하는 대학에 대해서 정부가 지원하는 것이 바람직합니다. 국립대와 정부출연연구소 간의 인사이동을 원활히 하도록 법제화하여 산학협력을 강화해야 합니다. 대학이 지원하여 개발된 제품에 대한 매출이익의 일정 부분이 대학에 다시 투자되도록 제도를 마련해야 합니다. 대학이 학생들의 학비에 의존하던 재정구조를 대학 자체의 개발 노력에 의해 이익이 창출되고 재정이 확충되는 구조로 바꾸어 나아가야 합니다. 대학에서 산학협력의 프로젝트 개발과 연구에 참여하는 대학원생들에 대한 처우도 개선해서 프로젝트별로 장학금이나 급여를 받을 수 있도록 제도를 개선해야 합니다. 또한 정부가 기업과 대학을 결합시켜 장기적인 국가개발과제도 부여하고 재정적 지원을 뒷받침하여 산학협력을 활성화시키는 마중물을 퍼부어주어야 합니다.

(3) 생산성 향상에 걸림돌 되는 규제를 철폐하자

경제성장과 신규 고용을 늘리는 해법은 노동생산성[46]을 올리는 것입

46　국내에서 생산된 국내총수입(GDI)를 전체 고용자 수로 나눈 것이다.

니다. OECD 회원국 36개 국가 중 GDP 상위 18개국의 근로시간과 노동생산성을 우리나라의 그것과 비교해보면 우리나라가 근로시간은 40% 더 많지만 노동생산성은 약 50%나 뒤처져있다고 합니다. 따라서 생산성을 향상시키면 고용과 복지 등 사회적인 필요를 흡수할 수 있습니다.

정부와 국회가 해야 할 우선적인 과제는 우후죽순처럼 늘어난 중복된 규제들을 과감히 철폐하는 일입니다. 가장 먼저 손을 봐야 할 규제들은 기업의 고용과 생산성 향상에 걸림돌이 되는 독소조항들을 골라내서 삭제하는 것입니다. 그중에서도 특히 산업안전법과 화학물질관리법 등 안전과 환경 관련 규제에 대해 국회와 정부는 기업현장의 목소리를 충분히 반영하여 기업의 생산 활동을 위축시키지 않으면서도 충분히 목적이 달성될 수 있는 내용으로 다시 바꾸어야 합니다. 왜냐하면 법과 제도를 만들고 시행하는 과정에서의 착오는 국민들의 삶을 피폐하게 만드니까요.

일례를 들자면 지난 2017년에 직업계 고교 학생들이 현장실습 중에 안전사고로 사상자가 발생하였는데 그러자 정부는 아예 현장실습을 폐지시켜 버렸습니다. 이러한 정책이 대표적인 탁상행정입니다. 결과적으로 기업들은 고졸 채용에 소극적으로 되었고 취업률이 30%대로 떨어져 버렸습니다. 실습생의 안전은 보강하고 현장실습은 계속 유지하도록 정책을 세밀하게 보완하여 시행해야 했는데 현장실습 자체를 폐지시키니 결국 그 피해는 취업하려는 고졸 청년들에게 고스란히 돌아가고 말았습니다.

아들딸 힘들지?

이처럼 기업현장에서의 생산성 향상에 걸림돌 역할을 하는 조항들을 골라내어 없애야 합니다. 입법부인 국회도 규제만능주의에 빠지지 않도록 해야 합니다. 법과 규제가 촘촘하게 많을수록 사회의 안전과 번영이 보장되는 것이 아니라 부작용 없이 시행될 수 있는 몇 가지의 스마트한 법이 결국 국민의 마음을 움직여서 공익과 질서를 지키게 하는 힘이 있습니다. 정부와 국회는 법과 제도를 시행하기 이전에 기업의 여러 가지 진솔한 의견을 듣고 받아들여 시행해야 합니다.

(4) 초중고의 모든 과목에 '창의 수업'을 적용하자

'창의 교육'이 지금처럼 절박하고 시급하게 요구되는 때도 없었습니다. 왜냐하면 우리나라는 지난 20년간 5년에 1%씩 장기성장률이 하락하는 과정을 겪고 있기 때문입니다. 앞서가는 선진국을 부지런히 모방해서 달려왔는데 이제는 또다시 모방해야 할 선진국은 보이지 않고 우리 스스로 모든 것을 해결해야 하는 자리에 서게 되었습니다. 모방과 주입식 교육으로 밤낮으로 일하며 따라 왔는데 이제는 이것이 통하지 않는 벽에 부딪혔습니다. 이제 우리가 스스로 아이디어를 내어 세상에 없었던 신제품을 만들어내야 먹고살 수 있는 시기가 닥쳐왔습니다. 어떻게 해야 하겠습니까? 도리가 없습니다. 초중고 교실 학습 환경부터 바꾸어가야 합니다. 제일 먼저 주입식 교육을 철저히 버려야 합니다. 암기를 잘해서 답안에 정답을 잘 옮겨놓은 학생에게 우수한 성적을 주는 평가제도도 이제 다시 생각해보아야 합니다. 모방해서 선진국을 따라갈 때에는 암기력이 분명히 도움이 되었는데 새로운 것을 창조해서 부가가치를 창출하는 데에는 암기력이 그다지 도움이 되지 않습니다.

지금 필요한 능력은 스스로 판단하고 생각할 줄 아는 사고력입니다. 사고력이 뛰어난 학생들이 이 사회에 크게 기여할 수 있는 시대가 되었습니다.

사고력을 키우려면 어떻게 학생들을 가르쳐야 할까요?

"토론입니다."

토론의 사전적인 정의는 '어떤 문제에 대하여 여러 사람이 각자의 의견을 내세워 그것의 정당함을 논함' 입니다. 토론은 비판적 사고를 키워서 진리를 찾아가는 힘이 있습니다. 학생들에게 토론을 통해서 항상 진리를 탐구하려는 자세를 길러주고 토론을 하는 동안 자신의 부족함을 깨달아 더욱 학업에 정진하도록 교사들은 카운슬러가 되어야 합니다.

왜 교실을 토론 중심 학습의 장으로 바꾸어가야 하는 걸까요? 그 이유는 학생들이 배우기에 좋은 모든 것은 선생님이 가지고 있는 교안보다도 학생들이 서로 자유롭게 의견을 내어 최고의 대안을 만들어가는 문화에 있기 때문입니다.

미국은 초등학교 때부터 '토론 수업' 을 중시합니다. 또한 어떠한 주

146

제에 대해 에세이(수필) 형식의 '자기의견서'를 제출해야 하는 과제가 많습니다. 자기 생각을 적어오라는 것입니다. 이 에세이에는 정답이 없습니다. 다만 이 과제를 통해서 선생님은 '자기 생각이 뚜렷한 사람'으로 학생들을 기르고 싶은 것 이것이 미국의 교육 철학입니다. 이러한 교육 문화에 대해서 미국 사람들에게 물어보면 '다양한 토론 문화를 통한 보다 좋은 아이디어 만들기'라고 합니다. 이것이 미국의 지속적인 혁신과 성장의 배경입니다. 이것이 미국이 소프트웨어 산업에서 세계 최강으로 자리 잡은 힘입니다.

우리가 시급히 갖추어야 할 문화는 상사가 부하에게 일방적으로 지시하는 상명하복에서 벗어나 계급장을 떼고 '자유로운 토론 문화'를 갖는 것입니다. 이를 위해서 우리는 초등학교 교실에서의 토론에서부터 시작해야 합니다.

이제는 정말 지식이 중요한 시대가 아니라 지혜가 중요한 시대입니다. '지식보다는 무엇을 할 줄 아는가'가 즉, 실행 능력이 중요한 시대입니다. 혼자만 알고 있던 노하우가 점점 공개되어 일반 지식이 되어 사라지고 있습니다. 단순한 지식은 인터넷 검색을 통해서 언제든지 무한정으로 얻을 수 있습니다. 이러한 지식은 가치가 없습니다.

학생들이 수업시간에 엎드려서 잠자고, 교사는 판서(板書)하며 일방적으로 수업을 진행하고 있습니다. 이러한 공교육의 황폐화 현상을 바꿔야 합니다. 판서하느라 선생님이 학생들에게서 등을 돌리고 칠판으로

향하는 순간부터 학생들과의 교감은 단절됩니다. 선생님이 학생들과의 교감을 지속하려면 가르칠 내용을 프린트물로 복사해서 나눠주고, 판서가 꼭 필요한 경우에는 학급 반장에게 시키십시오. 대신에 선생님은 항상 얼굴을 학생들에게 향하고 친절하고 따뜻한 미소를 보내주세요. 학생들과 눈 맞춤으로 교감하는 시간을 지금보다 늘려주십시오. 판서하는 시간은 가르치는 시간이 아닙니다. 이제는 필기시간을 줄이고 토론시간을 늘려야 합니다. 수동적으로 선생님의 강의를 듣고 필기하는 시간은 학생들의 흥미를 반감시키며 긴장을 유발시키지도 못합니다. 왜냐하면 받아 적는 그 시간에는 학생들이 주역(主役)이 아니기 때문입니다.

그러나 선생님이 "지금부터 이러한 주제로 함께 토론하자."라고 말을 꺼내는 순간에 학생들의 흥미와 긴장도가 높아집니다. 학생 각자가 토론에 참여해서 의견을 발표하고 상대방의 의견에 비판하고 자기주장을 하거나 대안을 제시하거나 해야 하기 때문에 모든 학생의 마음이 바빠집니다.

따라서 토론시간 내내 학생들의 긴장과 흥미를 유발시키며 학습효과가 껑충 뛰어오릅니다. 학생들의 창의력을 계발시키므로 결과적으로 토론시간은 학생 모두의 사고력을 길러주는 유익한 시간이 됩니다.

교육(Education)의 어원은 라틴어의 'educo'인데 '내부로부터 이끌어내다'의 뜻입니다. '선천적인 잠재 가능성을 밖으로 이끌어내다'입니다. 그러니까 교사(教師, Educator)는 학생 개개인이 갖고 있는 잠재적인 능력이 밖으로 나오도록 이끌어주고 도와주는 사람입니다. 학생들을 주의 깊게 관찰해서 학생들이 스스로가 어떤 사람인지 '자기 자신'을 알게 되도록 도와주어야 합니다. 이것이 교육입니다. 초중고의 어린 학생들이 스스로 자기 자신에 대해 정확히 알기는 힘듭니다. 그래서 교사의 도움이 절대적으로 필요합니다. 학생들이 스스로 자신을 알아야 자신의 꿈과 삶이 자기 것이 됩니다. 그렇게 되면 자기에게 맞는 올바른 진로와 직업으로 자연스럽게 연결됩니다. 이러한 성과를 거두려면 교사가 이제까지 갖고 있던 교실에서의 권력을 내려놓기로 결단해야 합니다. 교실에서의 주역은 교사가 아니라 학생들입니다. 주역을 학생들에게 돌려주고 교사는 카운슬러가 되고 오직 지혜로운 멘토가 되면 됩니다.

토론수업을 하면 그렇게 됩니다. 간단합니다. 수업 중에 학생 하나하나의 이름을 불러가면서 "너는 어떻게 생각하니?"라고 질문하는 것으로 충분합니다. 이러한 질문만으로도 수업 분위기는 업그레이드됩니다.

교사가 학습토론시간에 학생들을 '꿰다 놓은 보릿자루'로 만들지 않고 주인공으로 세워주려면 칭찬하고 박수 쳐주십시오. 그러면 졸거나 딴짓이나 하는 학생들은 없어지겠지요. 토론수업의 효과를 배가시키기 위해서는 학생들의 준비와 예습이 중요합니다. 창의 수업을 위해서는 교사가 예습을 강조하여 학생들이 토론준비를 해서 수업에 참여하도록 격려해야 합니다.

교사는 토론수업에 활기를 불어넣기 위해서 토론을 효과적으로 이끌어갈 질문들을 심사숙고해서 잘 준비해야 합니다. 또한 수업을 마치기 직전에 토론수업의 마무리를 잘해주어 학생들의 학습에 대한 흥미를 지속시키고 다음 토론시간을 기대하도록 해야 합니다.

학생들의 창의성을 키우는 교실에서 교사는 안내자가 되어야 합니다. 노벨상을 언급할 때마다 빠지지 않고 나오는 사람들이 토론을 중심으로 교육하는 유대인들입니다. 이를 두고 토론교육 전문가인 강치원 교수는 "진리의 섬광은 서로 다른 견해들이 부딪힐 때 튀어나온다."[47] 라고 말하기도 했습니다. 초중고 학생들이 토론수업을 통해 받을 수 있는 가장 큰 선물은 '창의력 사고의 계발' 입니다. 서로 다른 견해를 주고받는 가운데 섬광이 비치면서 전혀 새로운 보물 같은 진리를 발견하게 되는데 이러한 체험을 하게 하는 것 이것이 토론수업의 목적입니다. 토론은 '창의력 계발' 이라는 집으로 들어가는 현관입니다.

필자도 기계공학 전공자로서 예전에 기업체 연구소에서 팩시밀리를 개발할 때에 팀원들과 함께 차를 마시면서 지나가는 말에서 얻은 힌트로 제품개발의 아이디어를 얻었던 경험들이 있습니다. 혼자서 끙끙대던 문제들이 동료들과 함께 대화했던 짧은 시간에 풀리는 것을 보며 서로 다른 견해를 가진 사람들과의 토론의 중요성을 느끼고 신기했던 적이 있습니다.

---

47 "창의혁명" (서울대학교 창의성을 위한 교수모임) 205p~206p 4차 산업혁명 시대를 이끌 창조형 인재, 어떻게 키울 것인가?

그러므로 어린 학생들을 토론을 통해서 창의력을 계발시켜 줄 때에 미래에 4차 산업혁명에서 우리나라가 선도국가로서 당당히 앞서게 될 것입니다.

어린 학생들에게 창의력을 키워주는 방법으로 쉽게 적용할 수 있는 것은 '생각노트'를 만들어가지고 다니게 합니다. 번득이듯이 스쳐 지나가는 생각들을 놓치지 않고 이 '생각노트'에 적도록 습관을 길러줍니다.

세계 4대 디자인상을 석권하여 천재 디자이너라 불리는 카이스트의 배상민 교수는 '생각노트'[48]라는 개인기록을 통해 영감을 얻어 디자인에 그대로 활용한다고 했습니다.

" '이건 중요한 생각이니까 분명히 다시 기억해낼 수 있을 거야'라고 자기 머리를 과신하지 말자. 머릿속에 담아둔 생각은 이내 어둠 속으로 사라진다. (중략)

나는 생각이 떠오르면 곧바로 메모를 했다.

기록의 힘은 놀라운 것이라 생각과 생각을 만나게 해주고, 조우한 생각들을 그물망처럼 촘촘히 연계해주며, 결국 그 모든 것을 관통하는 하나의 아이디어로 발전시켜 준다. 나는 '저널'이라 명명한 나만의 메모장에 내가 관찰한 온갖 것들을 빼곡히 적어나갔다. 등굣길에 본 풍경, 학교에서 친구가 한 말, 어느 골목길에서 마주친 아주머니의 인상,

---

48   "나는 3D이다" 배상민 지음. 66p~68p

상점에서 본 물건…."

초중고 교사들은 학생들에게 많은 지식을 전달하여 외우도록 시키기보다 학생 스스로 생각하고 관찰한 것을 '생각노트'에 기록하도록 가르쳐야 합니다. 교사는 학생들이 스스로의 '생각노트'에 기록하는 습관을 통해서 창의적인 능력이 길러져서 '무엇을 할 수 있는 능력'으로 발전되기까지 도와주어야 합니다. 학급 담임선생님은 자기 제자들의 '생각노트'를 꼼꼼히 살펴서 코멘트 하는 것으로 제자들의 창의력이 계발되고 상상력이 확장발전 되도록 지도할 수 있습니다. 선생님이 제자들의 '생각노트'에 코멘트를 시작하면서 제자들과의 교감이 이루어집니다. 이때에 코멘트를 어떻게 하느냐에 따라 제자들의 창의력 계발에 좋은 영향을 미치기도 하고 그렇지 못하기도 합니다. '생각노트'는 제자들이 무엇을 보았고 그로 인해 어떠한 생각을 하게 되었으며 그 생각을 발전시켜서 상상한 결과는 무엇인지로 나타납니다.

이때에 제자들의 '생각노트'에 기록한 것을 보고 무엇을 칭찬할 것인가가 선생님의 과제입니다. 놀라운 관찰과 상상력으로 좋은 결과를 제시한 것을 칭찬할 것인가? 아니면 '생각노트'에 기록한 내용이 뛰어난 정도에 상관없이 '성실한 노력' 자체를 칭찬할 것인가입니다.

제자들의 재능이 아닌 노력을 칭찬해야 합니다. 스탠퍼드 대학의 심

152

리학 교수인 캐럴 드웩의 발견[49]에 따르면 아이들의 호기심을 발전시키는 것은 교사가 아이들을 칭찬하는 방식과 내용에 달려있다고 합니다. 아이들은 예리하게 관찰하여 선생님의 칭찬을 정확히 기억하고 자신의 행동을 거기에 맞춥니다. 아이들을 2그룹으로 나누어서 시험을 치르게 한 후에 시험 결과에 상관없이 그저 한 그룹의 아이들에게는 그들의 '재능과 능력'을 칭찬했고, 다른 그룹의 아이들에게는 '공부에 쏟은 노력'을 칭찬했답니다. 쉬운 문제와 어려운 문제를 번갈아서 여러 번 시험을 더 치르면서도 각각 나누어서 한쪽은 '재능'을 다른 쪽은 '노력'을 칭찬했는데 나중에 결과는 '재능'을 칭찬했던 그룹보다 '노력'을 칭찬했던 그룹이 더 나은 성적이 나왔다고 합니다. 아이들이 선생님으로부터 자기의 재능을 칭찬받는 것을 좋아한다고 할지라도 이러한 달콤한 감정은 오래 지속되지 않고 재능에 대한 칭찬에는 리스크와 부작용이 동반된다고 합니다. 재능이 있다고 칭찬받았던 아이가 어려움에 봉착하면 기분 좋았던 자부심은 곧 바로 낙담과 수치심으로 돌변하기 쉽습니다. 이 아이가 어려운 문제를 해결하지 못하면 자기는 재능이 없다고 생각하고 좌절하기 쉬워서 자신의 결점을 노출시킬 만한 어려운 문제는 무조건 회피하게 됩니다.

반면에 '네가 노력했기 때문에 성공했다'라고 평가받던 학생은 어려움이 닥치면 체념하지 않고 '자기의 노력이 부족했구나' 생각하고는 더욱 노력하는 동기부여가 된답니다. 결국 노력 끝에 얻은 성취는 재능

---

49 "조금 다르게 생각했을 뿐인데. 나만의 잠재된 창의성을 발견하는 법"
    바스 카스트 지음. 154p~162p

덕에 손쉽게 얻은 성과보다도 아이들의 사기를 더 진작시킵니다. 그래서 아이들의 '생각노트'를 코멘트 하는 선생님은 모든 학생들에게 이렇게 코멘트 하는 것이 교육적으로 효과가 있습니다.

"와, 정말 잘했어. 놀랍네. 너는 정말 열심히 공부한 게 틀림없구나."
"끈질기게 노력한 흔적이 보이네."
"너 지구력이 대단하구나. 다음에는 더 잘할 수 있겠는데."
"선생님은 너의 노력이 정말 자랑스럽다."
"이거 완성하느라고 밤을 새서 한 거 아니니? 너 대단하다."
"너 얼마나 오랫동안 생각했길래 이런 좋은 아이디어를 다 냈니?"

이러한 칭찬을 통해서 자신들의 끈질긴 노력을 선생님이 늘 기대한다는 사실을 알게 된 제자들은 선생님의 기대에 부응하려고 더 노력하게 됩니다. 이 결과로 제자들의 창의력과 실력이 향상됩니다. 또한 제자들이 사물에 대해 관찰하고 주의를 집중하도록 지도하는 것이 중요합니다. 사례로 리처드 파인만(Richard Feynman)교수의 성장 과정을 살펴보면 그 중요성을 알 수 있습니다.

알베르트 아인슈타인(Albert Einstein) 이후로 가장 훌륭한 과학자로 평가받는 리처드 파인만(Richard Feynman) 교수[50]는 1965년에 양자전기역학으로 노벨물리학상을 받았습니다. 그가 1940년대 말에 코넬 대학에

50 "조금 다르게 생각했을 뿐인데. 나만의 잠재된 창의성을 발견하는 법" 바스 카스트 지음. 138p~142p

서 교수로 있었을 때에 교내 식당에서 어떤 학생이 접시를 공중에 던져 올리는 것을 보고는 그 접시를 관찰하게 되었답니다. 그 접시가 회전하면서 동시에 접시의 가장자리는 떨리는 것을 보고는 즉시 종이와 펜을 꺼내 든 파인만은 뉴턴의 법칙을 이용해서 접시의 회전과 떨림이 2대 1의 속도로 운동한다는 것을 밝혀냈습니다. 이 발견이 계기가 되어 그는 전자의 회전(스핀)에 관한 연구에 관심을 갖기 시작하여 양자 전기역학을 발전시켰고 이 연구결과로 노벨상까지 타게 되었습니다.

파인만 교수는 호기심을 가지고 문제를 해결하는 자세를 어린 시절 자기의 아버지(멜빌)에게 배웠다고 합니다. 그의 아버지는 어린 파인만과 함께 숲을 산책하면서 자연 현상과 과학적인 기초 지식을 가르쳐주고는 했습니다. 날아다니는 새의 이름을 아는 것은 물론 그 새를 관찰해서 그 새가 무엇을 하는지 까지 알아보는 것이 정말로 중요하다고 파인만에게 가르쳐 주었습니다. 파인만은 "나는 아주 어릴 때부터 사물의 이름만을 아는 것과 사물의 본질을 아는 것의 차이를 배웠다."라고 말합니다. 멜빌은 항상 직접 설명해주지 않고 아들이 직접 관찰해서 자신의 추측이 옳은지 여부를 검토하도록 유도했습니다. 어린 시절부터 과학이 무엇인지 이해한 그는 인내심을 가지고 사물을 정확하게 지켜보며 관찰하고 주의를 기울이면 과학은 언제나 커다란 보상을 해준다는 것을 깨달았습니다.

교단에서 가르치시는 선생님은 제자들이 사물에 대해 관찰하고 주의를 집중하도록 지도하면서 정답을 알려주지 말고 알아내게 하십시오. 이렇게 하면 제자들의 창의력은 날로 발전됩니다. 이를 통해 제자의 적성을 쉽게 파악할 수 있으며 올바른 진로 지도가 가능합니다. 이러한 선생님을 만난 제자들은 행복합니다.

교사들은 이제 일방적으로 가르치려는 욕구를 자제하고 오직 학생들이 스스로 생각하는 힘을 기르도록 보살피며 도와주는 헬퍼(Helper)가 되십시오. 항상 학생들의 창의력이 어떻게 계발되는지에만 관심을 가져주십시오. 이러한 교사들이 4차 산업혁명시대에 걸맞은 교사상입니다.

(5) 대입수능평가제도(정시)를 개선하자

국가 전체의 생산성 향상과 혁신을 지속하려면 대학입시 수능평가시험 또한 4차 산업혁명시대에 걸맞도록 개선해야 합니다. 즉 현재의 수능시험을 사고력이 강한 학생들이 유리한 시험으로 바꿔가야 합니다. 국가가 대입 수험생들에게 사고력이 강해지도록 요구하고 이를 수험 현장에 적용하려면 현재보다 출제 문항 수를 줄이는 대신에 사고력을 요구하는 심화문제의 출제를 늘려가야 합니다.

현재 대입수능 수학시험의 경우 기본개념을 이해하고 공식을 적용하여 조금만 생각하면 쉽게 풀리는 평이한 문제들이 대부분입니다. 2021학년도 현재는 30문항을 단답형 9문항은 32점, 오지선다형 21문항은 68점 배점으로 100분에 풀도록 되어있는데 쉬운 문제들이 너무 많다 보니 학생들의 변별력을 평가하는 데 있어서 한계가 있습니다.

　숨 가쁘게 일어나고 있는 산업혁명의 생활 현장에 적응하도록 학생들을 돕기 위해서는 학생들의 '사고력과 창의력'을 업그레이드시키는 것입니다. 수학문제 풀이가 단순히 공식을 이해하고 문제를 푸는 단편적인 것에 그쳐서는 안 됩니다. 학생들이 앞으로 부닥칠 사회문제들을 해결할 사고력을 키우는 것이 얼마나 중요한지를 수능문제를 접하면서 스스로 실감하도록 해야 합니다. 따라서 '한국교육과정평가원'은 실생활과 연관된 문제들도 개발하고 과목의 범위를 이리저리 넘나들면서 생각해야 하는 창의적인 문제들도 수험생들에게 선보여야 합니다.

　이를 적용하기 위해서는 수학의 각 단원을 연결해서 응용해야 풀 수 있는 문제들을 출제함은 물론, 이공계 대학을 지원하는 입시생들을 평가하기 위해서는 물리와 화학의 교과 내용을 지문으로 삼아 수학II의 문제로 응용 출제하여 통합적인 사고능력을 평가할 수도 있습니다. 대학과정에서 재료역학, 열역학, 유체역학, 구조역학 같은 역학(力學)이 주요 과목인 기계공학, 토목공학, 건축공학과에 지원할 고교생이 고교과정에서 물리II와 수학II를 배우지 않은 채로 대학에 입학하면 곤란한 상황에 빠집니다. 수업을 따라가지 못합니다. 그래서 대학에서는 다시 고교 수학 과정을 이수하도록 하는 어처구니없는 일들이 벌어지고 있습니다. 대학에서는 대학 재학생들의 학력저하 현상을 막기 위해 전공 학과별로 고교과정의 필수 이수 과목을 지정해서 이수한 고교생들만 지원받도록 제한해야 합니다.

경제학과 경영학과를 지원할 수험생들에게는 고교의 일반사회와 경제 과목에서의 개념을 활용하여 고교 수학의 확률통계 단원의 문제로 응용출제 할 수도 있습니다. 즉 수학과 사회, 과학 과목의 내용을 서로 연계하여 심화문제를 출제하는 것이 수험생들의 사고력을 증진시키기에 적합합니다.

그러기 위해서는 수학의 경우 현재 2점, 3점, 4점으로 되어있는 배점을 5점, 8점, 10점 등으로 높여야 합니다. 대신에 출제 문항 수를 현재 30문항에서 15~20문항으로 줄입니다. 과학과 사회 과목도 문항 수를 절반 정도로 줄이는 대신에 사고력을 요구하는 문항을 대폭 늘려가야 합니다.

국가에서 대학에 입학하려는 학생들에게 사고력을 높이도록 요구하면 교실에서의 가르침도 이 방침을 따라오게 됩니다. 한국교육과정평가원이 출제 경향을 학문의 융합과 통섭을 통해 사고력을 키우도록 요구하면 교실에서의 교육이 토론 위주의 교육으로 바뀌게 됩니다. 4차 산업혁명시대를 살고 있는 지금 우리에게 요구되는 것은 '학문의 융합으로 길러지는 사고력과 창의력' 입니다. '사고력과 창의력' 을 기르기 위해 교실에서 먼저 변화가 일어나야 하고 이 일은 '한국교육과정평가원' 이 열쇠를 쥐고 있습니다. 대입 수능의 출제 방향을 올바로 잡아 학생들의 사고력과 창의력이 증진되도록 해야 합니다.

6장

기업가정신이
다시
살아나야 한다

—

＊＊＊

지금 우리나라의 경제성장에 가장 시급한 것은 '기업가정신의 회복'입니다. 기업가정신이 살아있는 나라는 번영하고 기업가정신이 죽으면 나라는 쇠퇴합니다. 나라가 쇠퇴하는 이유는 리스크를 안고 도전하는 투자자들이 사라지기 때문입니다. 사회가 이렇게 되면 경쟁력 있는 제품과 서비스가 생겨나기 어려워서 사람들의 생활형편이 좀처럼 나아지지 않게 됩니다. 물가는 비싸지고 상품의 품질은 형편없어지니까 물건이 안 팔리게 됩니다. 결국 나라 경제는 후퇴하여 살기 어려워지니 실업자만 늘어납니다. 그러므로 우리 사회에서 기업가정신을 살리는 것은 나라 번영을 위한 기초를 다지는 것과 같습니다.

지금의 10대 재벌들은 거의 대부분은 창업하여 30년 이내에 10대재벌에 진입했었는데 2000년 이후에 창업한 기업 중에는 기업 독자 노력으로 10대 재벌 안에 들어가는 경우는 아직까지 단 한 번도 없었습니다. 기껏해야 20대 그룹으로 발돋움할 정도입니다. 이것은 지나간 20여

년에 걸쳐서 기업가정신이 점점 약해졌다는 증거입니다.

지난 70~80년대에는 대기업의 성장드라마가 시청률도 높고 꽤 인기도 있었는데 요즈음에는 그러한 드라마가 거의 없습니다. 왜 이렇게 기업의 성공 스토리가 TV에서 보기 힘들어졌을까요?

그 이유는 첫째, 재벌과 대기업에 대한 이미지가 나빠졌기 때문입니다. 신문 기사에 도배하다시피 하는 재벌의 탈세와 정경 유착, 재벌가 자녀들의 추태, 편법 상속과 부정부패에 연루된 기업가들의 좋지 않은 소식들 때문에 시청자들이 기업 드라마를 외면했을 것입니다.

둘째, TV 방송이 지상파 방송 중심에서 종편방송 중심으로 이동하며 다양한 볼거리와 흥미 위주의 프로그램의 편성이 많아진 때문이기도 합니다.

아무튼 이러저러한 이유로 기업가정신이 약해지다 보니 모험이나 도전을 회피하는 분위기가 우리 사회에 짙게 깔려있습니다. 사업하는 사람들을 어떻게 도전과 모험, 창의적인 자세로 기업을 일구도록 격려해 줄 수 있을까요? 기업가에 대한 편견을 불식하는 일부터 시작되어야 합니다. 일부 기업가가 부패했다고 해서 기업 하는 사람 전부가 부패하였다고 오해하지 말아야 합니다. 사업을 함에 있어서 우리나라는 이미 국제적인 수준으로 투명한 사회가 되었습니다. 대부분의 기업인들은 세금을 성실히 납부하고 올바르게 살려고 발버둥치고 있다는 것을 국

164

민들은 알아주셔야 합니다.

<mark>일자리 자체가 복지이고 좋은 일자리가 최선의 복지입니다.</mark>

전 세계적으로 4차 산업혁명이 한창인 요즈음 국민의 역량을 한곳으로 모으는 일은 국익에 직결됩니다. 태양으로부터 오는 열 에너지가 볼록렌즈를 통해서 한 개의 초점으로 모아질 때에 검정색 종이를 태우듯이, 여기저기에 흩어져 있는 국민의 관심을 '좋은 일자리 만들기'라는 한 개의 초점으로 모으면 국민의 삶이 보다 풍요롭게 될 것은 자명합니다. 언론은 여론을 조성하여 결집시키고 국민들의 주의를 환기시켜 이끌고 나아갈 힘이 있습니다. '좋은 일자리 만들기'를 위해서 가장 필요한 부분은 기업가정신을 장려하는 사회적인 분위기입니다.

신문과 TV 언론에서 4차 산업혁명에 걸맞은 기업 영웅들을 발굴하여 그들의 업적에 박수 쳐주고 그들이 국민의 삶을 향상시킨데 대한 마땅한 상을 주어야 합니다. 기업의 성장 과정에서의 뒷이야기를 발굴하여 국민들에게 감동을 선사합시다. 기업 영웅들은 국민의 사랑을 먹으며 자라납니다. 그 결과로 그들이 좋은 일자리를 만들어내어 이 사회를 풍요롭게 합니다. 기업 영웅들의 삶을 다룬 드라마, 영화, 다큐멘터리, 자서전들이 전 국민의 의욕을 다시 불러일으키는 자극제가 될 수 있습니다.

기업가정신을 고취하고, 이름도 없이 빛도 없이 기업의 생산현장에서

묵묵히 수고하는 분들을 발굴하여 박수 쳐주는 사회의 분위기가 필요합니다. 각 방송국의 종합편성채널에서 산업현장에서 일어나는 역경과 그것을 극복하는 성공 스토리를 발굴하여 국민들에게 자주 보여줍시다. 이 시대는 영웅이 절대적으로 필요한 시기입니다. 그러한 영웅들을 발굴하여 그들의 삶을 국민들에게 보여주어야 합니다. 한국전쟁 후의 잿더미에서 딛고 일어나 지금처럼 잘살게 되는 동안 훌륭한 인적자산들이 여기저기에 널려있습니다. 그분들의 삶을 조명하여 기업가정신이 살아있는 나라로 만드는데 언론이 앞장설 때에 우리나라는 번창할 수 있습니다.

기업가정신의 사전적인 정의는 "혁신과 창의성을 바탕으로 한 생산활동을 통해 기업을 성장시키려는 **도전정신**"입니다. 미국의 경제학자 슘페터는 기업가정신을 "사업에서 야기될 수 있는 위험을 부담하고 어려운 환경을 헤쳐 나가면서 기업을 키우려는 **뚜렷한 의지**"라고 말합니다.

풀어서 설명한다면 자신의 고객을 위해 상품을 준비할 때에 저가격과 단납기, 다양한 상품구성, 품절의 염려 없는 공급체계를 구축합니다. 그러면 아주 적은 마진이라도 사업에서 성공할 수 있고 경쟁자와 싸워 이길 수 있다는 **불타는 의지**를 가지고 위험을 무릅쓰는 행동이라고 말할 수 있습니다.

기업가정신에는 어려운 여건에서도 사업을 이끌어 가려는 도전정신과 불타는 의지가 반드시 포함됩니다. 이것이 없으면 사업하다가 부닥치는 벽을 넘지 못하고 좌절하고 맙니다. 우리나라에서 사업에 크게 성공했던 기업가들의 기업가정신을 살펴보겠습니다.

(1) 유한양행 유일한 박사

"우리나라 기업가 중에서 가장 존경받을 사람이 누구인가?"라는 설문조사에서 항상 제일 먼저 뽑히는 사람이 유한양행을 창업한 유일한 박사(1895~1971)입니다. 그는 평양 출생으로 그의 부친은 평양에서 잡화상과 양잠업을 했었습니다. 가족 모두 독실한 기독교 가정으로 그가 겨우 9살(1904년)에 미국인 선교사의 추천을 받아 미국유학을 떠났습니다. 유학 이후에 부모의 사업이 어려워져서 학비 지원을 받지 못하게 되자 그는 중고등학교 내내 신문배달과 구두닦이를 하며 학비를 벌어야 했습니다. 고교를 졸업하고도 대학 입학 등록금이 없어서 1년간 에디슨 연구소 산하의 발전소에서 근무하기도 하였습니다.

그는 미시간대학교를 졸업하고 직장 한두 군데를 전전하다가 엉뚱하게도 숙주나물 장사를 시작했습니다. 미국에 있는 중국 사람들의 주식이 만두였는데 만두에 들어가는 숙주나물이 시장에 부족하다는 것을 알아채고 곡창지대인 오하이오주에서 대량으로 녹두를 사다가 숙주나물을 키워서 팔았는데 잘 팔렸습니다. 그런데 숙주나물은 금세 시들어서 보관이 어렵다 보니 보관방법을 연구하다가 숙주나물을 통조림 해서 유통시키는 방법을 처음으로 시도해 날개 돋친 듯이 팔렸습니다.

사업에 크게 성공하던 중에도 유일한 박사의 머릿속에서 떠나지 않는 생각은 조국이 자기를 부르고 있다는 생각이었습니다.

그래서 그는 모든 것을 정리해서 고국으로 돌아왔습니다. 그는 국민들이 약이 없어서 제대로 치료받지 못하는 것을 보고 유한양행을 설립하였고, 돈이 없어서 제대로 교육받지 못하는 가난한 학생들을 위해 유한공고를 설립했습니다. 그의 기업가정신은 애국이 그 바탕을 이룹니다. 그는 기업이나 가정보다 항상 나라를 먼저 생각하고 국익을 위해서 사업을 했습니다. 이른바 '사업보국(事業保國)'입니다. 그는 50년의 기업 활동을 하는 동안 '좋은 상품의 생산' '정직한 납세' '기업 이윤의 사회 환원'을 유한양행의 기업 이념으로 삼았습니다. 그는 기업체는 창업자나 기업을 경영하는 사람들의 것이 아니라 '기업이 속한 사회'의 것이라는 청지기 정신을 가진 기업가였습니다. 그가 항상 나라를 생각하는 사람으로 인격 형성이 된 것은 미국에서의 성장 배경과 깊은 연관이 있습니다.

14세 소년 유일한은 독립운동가 박용만이 1910년에 미국 네브라스카 헤스팅스에 세운 '한인 소년병학교'에 입학[51]해서 군사훈련과 함께 나라 사랑과 민족 정신에 대해 교육받았습니다. 20대 청년 유일한은 1919년 4월에 서재필, 이승만이 주축이 되어 필라델피아에서 열린 '한인자유대회'에 학생 대표로 참석하여 대의원 자격으로 결의문을 낭독

---

51 "나라사랑의 참 기업인, 유일한" 유한양행 지음. 133p

했습니다. 미국에 있는 동안 서재필 박사와 자주 교류하며 서재필 박사를 존경하여 따랐습니다. 1926년에 한국으로 귀국하기 위해 작별 인사차 방문한 유일한에게 서재필 박사는 자기 딸이 만든 버드나무 무늬의 목각 판화를 선물로 주었답니다. 유일한은 그 선물을 귀하게 여겼고, 그 판화 버드나무 문양을 유한양행의 상징으로 삼았습니다.

유일한 박사는 사업을 해나가면서 직원과 주위 사람들에게 아래와 같은 '기업 성공의 비결'[52]을 강조하여 가르쳤습니다.

"기업은 우선 좋은 물건을 값싸게 생산해야 하고, 고객이 원하는 상품이 무엇인가를 알아내야 하며, 또 고객이 사고 싶도록 새로운 물품을 생산해야 한다. 기업인은 수요를 찾아다닐 뿐만 아니라 수요를 창조해야 한다. 수요를 창출하기 위해서는 항상 기술을 개발하여 새로운 제품을 생산하고 또 눈은 항상 밖으로 돌려 남들이 무엇을 하고 있는지를 살펴야 한다."며 새로운 아이디어가 기업을 성장시킨다고 강조했습니다.

그의 기업가정신을 그의 어록[53]으로 살펴보겠습니다.

"국가, 교육, 기업, 가정 이 모든 것은 순위를 정하기가 매우 어려운

---

52 "나라사랑의 참 기업인, 유일한" 유한양행 지음. 53p
53 "유일한 후예들" 개교 50주년 유한공고총동문회 지음. 22p~204p

명제들이다. 그러나 나로 말하면 바로 국가, 교육, 기업, 가정의 순위가 된다."

"나라 사랑을 위해서는 목숨을 바칠 것을 신성한 말로 서약하여야 한다."

"어제는 하나의 꿈에 지나지 않으며, 내일은 하나의 환상일 뿐이다. 그러나 최선을 다한 오늘은 어제를 행복한 꿈으로 만들며, 모든 내일을 희망의 비전으로 바꾸어 놓는다."

"사람은 죽으면서 돈을 남기고 또 명성을 남기기도 한다. 그러나 가장 값진 것은 사회를 위해서 남기는 그 무엇이다."

"기업에서 얻은 이익은 그 기업을 키워준 사회에 환원하여야 한다."

"기업체의 주인은 사회이고 기업가는 그들의 재산을 맡아 관리하는 것뿐이다"

"기업은 사회의 이익 증진을 위해 존재하는 기구이다."

"연마된 기술자와 훈련된 사원은 기업의 최대자본이다."

"기업은 물건으로 성장하는 것이 아니다. 아이디어, 이것이 기업에 성장을 가져오게 하는 것이다."

(2) 현대그룹 정주영 회장

"시련은 있어도 실패는 없다."고 주장한 현대그룹의 정주영 회장은 1955년 대구 근처의 고령교공사에서 정부와의 계약금액이 당시의 시가로 5,478만 환짜리의 공사를 6,500여만 환을 들여서 공사를 마쳐야만 했습니다.[54] 은행에서 빌려 쓰던 돈의 이자는 월 18%이고 공사 기간에 자잿값은 폭등했습니다. 장기수주 공사에서 인플레를 계산하여 공정별로 계약을 했어야 했는데 그것도 모르고 공사 전체를 일괄 계약하는 바람에 지불한 수업료치고는 손해가 너무나 컸습니다.

엄청난 적자로 현대건설이 망한다는 소문이 나돌 정도였지만 정작 본인은 '나는 살아있고 건강한 나한테는 시련이 있을지언정 실패는 없다'고 생각했습니다. 엄청난 적자를 감수하고서라도 그 공사를 완공한 덕분에 현대건설이 신용 있는 업체로 평가를 받아 그 이후 정부공사의 낙찰이 아주 쉬워졌습니다.

정주영 회장이 현대상사 일본지점장에게 일본에 한국 배를 팔라고

---

54 "시련은 있어도 실패는 없다" 정주영 지음. 84p~88p

지시하였던 적이 있었습니다.[55]

지점장이 기가 차서
"회장님, 일본은 해운왕국입니다. 그리고 조선왕국입니다."
그랬더니 정 회장이
"너, 해봤어?"
라고 반문하는 데에는 할 말을 잃었답니다. 불가능은 없다는 도전정
신[56]에 대해 정주영 회장은 이렇게 말합니다.

"무슨 일이든 할 수 있다고 생각하는 사람이 해내는 법이다. 의심하
면 의심하는 만큼밖에 하지 못하고, 할 수 없다고 생각하면 할 수 없는
것이다."

정 회장의 별명이 '생각하는 불도저' 입니다. 그냥 할 수 있다고 생각
하고 막무가내로 밀어붙이고 지시하는 것이 아니라 방법을 생각하면서
동시에 마구 지시하니까 어설프게 대답했다가는 혼쭐이 나는 것이지요.

주도면밀하게 끝없이 생각하면서 해결책과 방법을 고민하는 그는 실
용적 상상력의 대가[57]입니다. 현대건설이 서산만 간척사업을 하고 있을
무렵에 방조제 공사의 총 길이는 6,400미터이었습니다. 양쪽의 육지에

55 "길이 없으면 길을 닦아라" 음용기, 장우주외 지음. 208p~212p
56 "기업가로 다시 태어나기" 최승노 지음. 53p
57 "생의 정도" 윤석철 지음. 215p~217p

아들딸 힘들지?

서 방조제를 쌓아오던 중 가운데 270미터를 남겨놓고 공사가 중단되었습니다. 조수간만의 차이가 10미터에 이르는 서해안의 밀물이 들어오면서 270미터의 구간을 지날 때의 물살의 속도가 초속 8미터 정도가 되었기 때문에 승용차 크기의 거대한 바위 덩어리를 던져 넣어도 급물살에 쓸려 가버렸습니다.

"철사로 돌망태를 엮어 30톤 트럭으로 계속 실어 부어도 바로 유실되어버립니다."라는 현장 감독의 보고를 받은 정 회장은

"고철로 팔기 위해서 사온 유조선 있지? 그걸 당장 서산 앞바다로 끌고 와." 하고 소리칩니다.

정 회장의 지시에 따라 332미터 길이의 폐유조선이 울산에서 서산으로 옮겨졌습니다. 정 회장의 상상력을 실현시키기 위한 첫 과제는 멀리 바다 위에 있는 폐유조선을 끌고 와 방조제에 접안시키는 일이었습니다. 거친 물살을 이겨내며 겨우 접안에 성공시켰지만 배와 제방 사이에 20미터 정도 틈이 생겨 그 사이로 거친 급류가 흘러 들어왔습니다. 그러자 유조선이 밀물에 의해 밀려나기 시작했습니다. 정 회장은 폐유조선 탱크에 물을 가득 채우게 해서 그 배를 가라앉히자 급류를 막게 되었고 마침내 '정주영식의 유조선에 의한 물막이 공법'이 탄생하는 순간이었습니다. 이 공사가 성공하면서 현대건설은 290억원의 공사비를 절감할 수 있었답니다. 그 이후에 전 세계에서 '정주영 공법'으로 이름 붙여진 물막이의 공법으로 물막이 공사를 쉽게 하는 길이 열리게 되었

습니다. 이처럼 끝없는 도전정신과 실용적인 상상력은 정주영 회장의 기업가정신의 핵심입니다.

현대중공업의 초기 선박영업은 정주영 회장이 직접 앞장서서 했습니다. 1980년에 이르러 이라크가 쿠웨이트를 침공하면서 몰고 온 석유파동으로 세계경제가 크게 위축되었습니다. 현대중공업 입장에서는 큰배 작은 배 가릴 것 없이 수주를 해야 배를 건조할 도크(Dock)를 놀리지 않을 수 있는 다급한 상황에서 아랍연합해운(UASC)의 컨테이너선 입찰에 참가하게 되었습니다. 일본의 7대 조선사를 포함해서 세계에서 20여개의 조선사가 입찰에 참가하여 경쟁했는데 최종 경합에서 일본의 IHI 조선소를 물리치고 1회 계약 금액으로 무려 4억 달러[58]라는 당시 최고를 기록했습니다. 수주가 확정된 후에 당시 선박영업 팀장이었던 음용기 전무는 사장단 회의에서 정주영 회장에게 보고하기를,

"이번 선박 수주는 한 건에 모두 4억 불이나 됩니다. 이는 전무후무한 금액입니다."라고 보고했다가 이 말이 끝나자 회의장에서 킥킥거리는 소리가 들려오고 정 회장도 웃으면서,

"이 사람아, 앞으로 그 이상의 계약은 하지 말라는 거야 뭐야. 후무가 무슨 놈의 후무야?"

---

58 "등대 없는 바다를 날다" 음용기 지음. 142p~144p

음용기 전무는 조선 경기가 전반적으로 침체를 겪고 있던 마당에 모처럼 커다란 금액의 수주에 한껏 들뜬 탓에 나온 실언이었지만 기분 좋은 장면이었다고 회고합니다.

대개 선주들은 조선소에 선박을 발주하여 만든 다음에 자기가 쓰던지 아니면 다른 해운사로 배를 빌려주고 용선료를 받는 사업을 합니다. 선박 발주하면서 값을 깎기로 소문난 어떤 해운회사의 회장과 계약 서명을 위해서 정 회장은 마지못해 홍콩으로 출장 가게 되었답니다. 배를 수주하는 입장에서 고정 비용까지 삭감한 이른바 마진 없는 '살아남기 위한 정책적인 가격'[59]을 제시해서 수주 계약이 실무자의 협상으로 이미 끝난 것인데, 발주처 회장은 현대의 정 회장을 홍콩으로 불러내서 계약서에 싸인 하자고 요청했습니다. 얼마라도 더 깎아 보려는 속셈을 잘 알고 있던 정 회장은 속이 무척 상했답니다.

정 회장은 홍콩으로 출장 가면서 김남조 시인의 수필집을 챙겨갔는데 아마도 편하지 않은 마음을 다스리려 비행기 안과 호텔방에서 읽었을 것입니다. 계약을 마친 다음날 이른 아침에 호텔방에서 김남조 시인에게 감사 편지를 쓰는 정 회장의 모습을 보게 된 당시 황성혁 전무는 그 장면이 감동적인 풍경이었고 문득 김남조 시인이 부러워졌다고 회고합니다.

---

59 "넘지 못할 벽은 없다" 황성혁 지음. 73p~85p

사업의 중요한 결정을 최종적으로는 혼자 결정해야만 하는 최고경영자는 항상 외롭습니다. 그 어려움을 부하 직원들과 함께 나눌 수도 없고 그 외로움을 누구에게 털어놓을 수도 없습니다. 호황일 때는 돈 벌기 위해서 일감을 수주 한다고 하지만, 불황일 때는 배를 건조하는 작업장을 놀리지 않고 직원들에게 월급을 지급하기 위해 어쩔 수 없이 손해를 감수하면서 까지 일감을 수주할 수밖에 없습니다. 고정 비용이 큰 장치 산업인 선박제조회사에 있어서 영업책임자의 고충입니다.

손해를 감수하면서까지 일감을 수주할 수밖에 없는 최고 경영자의 고통을 누가 알겠습니까? 그래서 고객과의 가격흥정도 중요하지만 더욱 중요한 것은 제때에 일감을 확보하는 것이 더 중요하다는 정 회장의 지론은 승부사로서 기업가정신으로 마음속에 깊이 새겨두어야 할 교훈입니다.

(3) 삼성그룹 이병철 회장

"우리 기술로 독자 개발한 반도체로 세계를 제패하라!"[60] 이 말이 이병철 회장의 사업상의 유언입니다. 1987년 10월 어느 날 아침에 "우리나라 반도체는 전부 다 일본 것을 베꼈다."는 조간신문 기사를 읽은 이 회장은 대노하여 그길로 기흥 공장에 와서 당시 이윤우 공장장과 진대제 반도체 개발팀장에게 직접 명령한 이야기입니다.

---

60 "열정을 경영하라" 진대제 지음. 66p~70p

"우리가 일본 것을 베꼈다는 게 사실인가? 내가 기껏 남의 거 베끼려고 평생을 건 반도체 사업을 시작한 줄 아나? 영국은 증기기관 하나를 개발해서 세계를 제패했다! 우리 반도체도 그런 역할을 하라고 시작한 것 아닌가?" 이 회장의 호통에

"반드시 16M D램을 독자 개발해서 다시는 모방을 했다는 얘기가 안 나오도록 하겠습니다."라고 약속한 진대제 팀장은 그때의 이 회장과의 만남이 마지막 만남이 되었고 그때의 이 회장의 지시가 결국은 유언이 되었다고 회고했습니다. 이 일이 있은 지 한 달 뒤에 이 회장은 세상을 떠났습니다.

삼성의 이병철 회장은 73세의 나이에 이미 폐암 판정을 받은 몸을 이끌고 삼성이 나아갈 길과 한국이 발전시켜 나아갈 산업에 대해 깊이 고민했습니다. 그는 국내외 수많은 전문가를 만나서 반도체 사업에 대해 의견을 듣고 최신 자료를 공부하며 선진국의 수많은 산업현장을 시찰하여 결국 국가적인 과제가 '산업의 쌀'인 반도체를 개발하는 것이라는 결론에 도달했습니다. 1983년 3월 15일에 삼성이 반도체 개발에 진출할 것을 공식적으로 선언했습니다. 이후 그는 4년 동안 혼신의 힘을 다해 반도체 사업에 매진하다가 세상을 떠났습니다. 그가 남겨준 반도체 사업은 우리나라의 산업을 이끄는 대표적인 사업이 되었습니다. 1994년, 일본의 저명한 반도체 전문지인 "니케이 마이크로디바이스"는 특집 기사에서 '더 이상 한국 반도체는 일본의 모방이 아니다. 독자기술로 개발된 한국의 반도체는 모든 면에서 일본 것을 앞선다는 내용을 밝혔습니다.

삼성은 신사업을 선택할 때에 항상 세 가지 기준[61]을 가지고 정했는데 그것은

첫째로, 국가가 필요로 하는 것이 무엇인가?
둘째로, 국민이 이해해 주겠는가?
셋째로, 세계시장에서 경쟁할 수 있겠는가?
를 가지고 판단했습니다.

위의 세 가지의 삼성의 신사업 선택 기준이 기업가정신과 어떠한 관련이 있는지 살펴보면, '국가가 필요로 하는 것'은 자기 고객을 위한 상품준비를 말하는 것으로 기업의 존재 이유를 의미합니다. 삼성은 '삼성상회'라는 상호를 가지고 국제무역으로 사업을 시작했습니다. 1940~1950년대에는 일제 시대와 해방과 한국동란으로 혼란하던 시기이었기 때문에 국내에 제대로 된 제조 산업이 형성되어 있지 않았습니다. 물자가 절대적으로 부족한 시절이어서 해외에서 수입해서 쓰던 시절이었으므로 국제무역을 통해 수입한 상품을 국내에 파는 일이 '삼성상회'의 주된 업무였습니다. 한국동란이 끝나고 나서는 이제 국내에 제조 시설들이 설치되어 산업이 발달 할 것으로 내다본 이병철 회장은 무역업에서 번 돈으로 제조업에 투자하기로 결단합니다. 제일제당(1953년4월)과 제일모직(1954년9월)을 설립하여 국민의 필요(설탕과 의복)에 신속하게 대응하므로 삼성은 성장가도를 달리게 됩니다. 한국비료와 가전, 중화학 공업에 차례로 진출하여 시장의 필요에 적절하게 대응해 나간 것

61 "삼성창업자 호암 이병철 자서전. 호암자전" 이병철 지음. 364p~380p

이 회사 성장의 견인차가 되었습니다. 결국 자신의 고객을 위해 상품을 저가격과 단납기, 다양한 상품 구성, 품절의 염려 없는 공급 체계를 구축하여 신속하게 대응해간 것이 삼성의 성공 요인인데 이것은 기업가정신을 그대로 사업에 적용한 것으로 삼성의 신사업 선택의 세 가지 기준 그 자체가 이병철 회장의 기업가정신이라고 말할수 있습니다.

이병철 회장은 1968년에 가전 사업에 진출을 준비하면서 도쿄에 있는 산요전기회사를 방문하게 되었는데 대지 규모만 40만 평으로 그 규모에 크기에 놀랐답니다. 하지만 신규 사업 참여 원칙에 따라서 가전 사업은 국가에서 필요로 하고 세계시장에서 경쟁할수 있는 규모로 사업 초기부터 준비해야겠다고 마음먹고 기흥에 45만평의 대지를 사들였다고 합니다. 산요전기보다 1만평이라도 더 크게 짓자는 생각[62]에 공장부지를 준비했답니다. 이처럼 이병철 회장이 사업 초기부터 가전 제품 생산의 85%는 수출하고 15%만 국내에 팔기로 경영 방침을 정하는 등 미래를 내다본 진취적인 기업가정신이 오늘날의 삼성이 있게 된 배경이기도 합니다.

특히 신사업 선택 기준에서 이병철 회장의 '세계시장에서 경쟁할 수 있겠는가?'가 얼마나 탁월한 전략이며 동시에 훌륭한 기업가정신인지 금방 알 수 있습니다. 대부분 사업가들은 신규 사업을 시작하면서 사업의 성공 가능성을 빨리 확인하고 싶어 합니다. 그래서 사업 초기

---

62 실록기업소설 / 삼성창업비화. 전범성지음. 325p

에는 소자본을 투입하여 진행하다가 가능성이 보이면 자본을 더 투입해서 확장시킵니다. 처음에는 자기 사업소재지가 있는 지역에서 성공을 거두고 나서 서서히 전국적으로 성장해가는 것을 기대합니다. 어쩌면 이것이 바람직한 사업 운영의 자세입니다. 그렇지만 이러한 태도는 사업이 성장해가는데 한계를 가지게 되며 지역이나 국내에만 머무르는 중소기업으로서의 작은 성공에 그칠 수밖에 없습니다. 게다가 세계시장을 염두에 두지 않는 사업 계획은 세계시장에 내다파는 경쟁 업체에게 밀릴 수밖에 없습니다.

다시 말해서 국내의 한 지역에서만 사업을 성공하는 것을 목표로 하면 세계시장에 내다파는 경쟁업체에게 원가 경쟁력과 규모의 경제에서 밀릴 수밖에 없습니다. 결국에는 국내시장에서도 성공할 수 없는 위험한 처지로 몰리게 됩니다. 삼성의 '세계시장에서 경쟁할 수 있겠는가?' 라는 자문자답이 오늘날 국가 대표 기업이 된 비결입니다. 국내시장은 크게 중요하게 생각하지 않고 항상 세계시장에서 경쟁에서 이기려고 이병철 회장이하 모든 임직원이 생각하며 일하는 동안 정말 세계제일의 회사가 되는 길로 들어서게 되었습니다. '용장 밑에 약졸 없다' 라는 말처럼 기업가의 탁월한 기업가정신이 임직원과 협력업체와 관계된 모든 사람들을 살립니다.

(4) 동원그룹 김재철 회장

"천재성은 평범한 정신력이 우연찮게 특정한 방향으로 움직이도록 고정된 마음이다." 18세기 영국의 문호 사무엘 존슨의 명언입니다. 자신이 가진 모든 에너지를 분산시키지 않고 특정한 방향에 집중시킨 사람으로서 동원그룹의 김재철 회장이 있습니다. 그는 24세 때에 무급 실습 항해사로서 시작했지만 본인의 결정에 최선을 다하다 보니 길이 열린 기업가입니다. 그는 28세의 젊은 나이에 선장을 시작한 이후로 항상 항해일지[63]를 기록하며 노하우를 축적하여 원양어업에 있어서 그보다 뛰어난 전문가는 없을 정도였습니다. 그는 기록의 달인이었습니다. 관찰을 통해서 배운 교훈들을 놓치지 않고 기록하고 그것을 즉시 원양어업 현장에 적용했습니다. 김재철 회장(당시 광명호 선단장)과 함께 근무하며 그의 일거수일투족을 낱낱이 지켜보았던 당시 일등 항해사였던 신성택 씨는 아래와 같이 증언[64]합니다.

"그분은 일본의 고기 잘 잡는 배를 철두철미하게 연구했습니다. 일본 배가 바다에 놓은 낚싯줄이 거의 80킬로미터 정도 되었습니다. 그러면 그쪽 배가 보이지 않는 먼 곳에서 주낙을 살짝 걷어 그물 사이즈를 측정해서 우리와 차이를 비교했습니다. 여기서 배운 것을 그대로 적용하며 빠른 시간 안에 일본 배에 준하는 어획고를 올릴 수 있었습니다. (중략) 뿐만 아니라 그분은 '피시 파인더'라 불리는 음파탐지기를 계속 틀어놓고 어군의 움직임을 체계적으로 파악하고 수온과 플랑크톤을 측정해서 더 나은 어획고를 올리기 위한 종합적인 처방을 마련했습니다. 또

63 "김재철 평전.파도를 헤쳐 온 삶과 사업 이야기" 공병호 지음. 144p~145p
64 "김재철 평전.파도를 헤쳐 온 삶과 사업 이야기" 공병호 지음 151p~152p

자신이 익힌 효과적인 어구와 어법을 집요할 정도로 선원들에게 반복적으로 교육시켰습니다."

1967년 6월 4일~7월 6일
돌고래와 상어 때문에 인도양 남단으로 이동해서
6월 4일부터 조업 시작[65]

(…) 연달아 고기 떼를 뒤쫓던 우리는 7월 1일엔 남위 33도 동경38도에 이르렀다. 이제 아프리카 대륙까진 불과 400마일 남짓할 때까지 왔다. 한국과는 7,000여 마일의 거리다. 그동안에 우리는 매일 적으면 하루 1톤에서 많으면 5톤까지 평균 3톤 가까운 어획을 계속하여 배의 짐이 웬만큼 찼을 무렵, 경계하던 폭풍을 만났다.

아침부터 갈매기 떼들의 어수선한 날음이 악천후의 심상치 않음을 알리는 것 같더니 기압은 급강하고 바람은 시간시간 그 위세를 더해왔다. 995밀리바의 저기압 중심이 불과 수십 마일 남쪽을 통과하고 있기 때문이다. 바람이 강풍에서 폭풍으로 바뀌자, 무전 안테나는 더욱 쐑쐑이 소리를 내어 울부짖고 해면은 완전히 산악의 형태로 변했다. 브리지 갑판에서는 무엇인가를 붙잡지 않으면 사람까지 날아갈 정도로 바람은 거세어지고 모든 것을 한꺼번에 삼켜버릴 듯한 산더미 같은 파도는 머리에 하얀 거품을 인 채 곤두박질쳐 온다.

---

65 "김재철 평전.파도를 헤쳐 온 삶과 사업 이야기" 공병호 지음 645p~647p

엄청난 위세로 밀려들던 파도가 와지끈 하고 배에 부딪치면 배는 파도 위로 버쩍 추켜올려졌다가 다음 순간 파곡(波谷, 물결의 가장 낮은 위치)을 향해 한참을 내려앉는다. 그런가 하면 또 다음 파도가 거품을 날리며 절벽처럼 다가서 있다. 쑥 추켜올려졌다가 뚝 떨어지고 그러다가 어떻게 배가 파도를 넘어서는 주기가 잘 맞지 않을 때면 배는 그대로 파두(波頭, 물마루, 높이 솟은 물의 고비)를 뚫고 물속을 꿴다.

시커먼 물덩이가 선수를 뒤덮는가 하면 순간 브리지까지 캄캄해질 정도로 배는 한바탕 폭포를 둘러쓴다. 갑판 위의 선원들은 무언가를 빨리 붙잡지 않으면 안 된다. 그러나 그럴 땐 대개 배도 함께 기울기 때문에 사람과 고기가 갑판 위에 함께 나뒹굴기도 한다. 그럴 때마다 브리지에서는 재빨리 갑판 위의 사람 수를 헤아린다. 물에 휩쓸려간 사람이 없나 해서다. 실내는 실내대로 엉망이 되어있다. 서랍은 열쇠를 잠그고 의자는 붙들어 매두었지만 책꽂이의 책이며, 기타 온갖 것이 쏟아져서 실내가 그득할 정도로 어질러져 있다.

그러나 많은 어구를 바닷속에 두어둔 채 피항을 할 수도 없고 해서 무리하며 대파(大波) 속에서 조심조심 주낙을 올리는 일을 계속했다. 배의 짐이 만선 가까울 정도로 차 있어서 유달리 조심이 된다. 선박의 왕래가 많지 않은 곳이라 기상예보가 정확하지 못해서 이따금 의외의 시련을 겪는다. 그런데 일반적으로 파도가 치는 날이 어획 성적이 좋을 때가 있다. 연안 정치망에서도 태풍 전후에 대어가 있듯, 연승어업에서도 가끔 저기압 전후에 대어를 낚는다. 그래서 지금까지

저기압이 올 때도 작업을 계속해왔다.

그러나 이번은 좀 심한 것 같다. 저녁 석양녘에 풍운은 최고에 달했으며 파도는 더욱 높아졌으므로 양승 속력을 늦추고 미속으로 파도를 받았다. 배가 기울 때면 솥의 물이 쏟아져버리므로 밥도 짓지 못하고 저녁을 대용식으로 마쳤다. 밤이 깊어지면서 차차 바람이 약해지므로 피치를 올려 작업을 계속했더니 새벽 4시경에 겨우 양승(揚繩)을 완료했다. (...)

근처에 조업 중인 10호와 같이 어장을 옮기기 위해 갔더니 파도가 어제보다는 많이 덜한 편인데도 배가 파곡(波谷)에 들면 불과 수십 미터 밖에서도 230톤의 배가 보이지 않을 정도로 파도는 높았다. 배가 파도 속에 떴다 잠겼다 하는 모습을 보니 새삼 우리의 처지가 가엾기도 하고 용감하기도 하다는 생각이 들었다. (...)

7월6일 드디어 만선을 했다. (....) 한 마리 한 마리 올릴 때마다 가슴 졸이며 올린 고기가 7,000여 마리, 이젠 고기를 더 잡아도 실을 때가 없이 전 어장이 찼다. 고기 한 마리 한 마리에 전 선원의 희망이 어려 있고 황파(荒波)를 넘으며 간난신고(艱難辛苦) 속에 조업을 했기에 무사히 만선을 한 기쁨은 더욱 더한바 있다. (...) 기실 배 생활을 입항하는 재미로 한다면 고기잡이는 만선(滿船)하는 재미로 한다 할 것이다. 별빛 아래에서 소주를 따라 자축연을 열면서 "바다로 가자 바다로 가자. 물결 굽실 뛰노는 바다로 가자." 하는 선원들의 합창소리가 소

아들딸 힘들지?

리 높여 메아리칠 때 선내의 분위기는 최고조에 달하고 60여 일간의 피곤은 일시에 분산하는 것 같다.

기업가정신은 어려움을 헤쳐가면서 기업을 키우려는 의지인데 창업 초기에는 창업자가 앞장서서 모든 일을 결정하고 이끌어 나가지만 회사가 커지면서 모든 일을 혼자 다 감당할 수 없게 됩니다. 결국에는 사내에 창업자와 같은 수준의 능력을 가진 인재가 있어서 함께 일을 분담해야 합니다. '인재 양성'이 회사 성장의 필수불가결한 요소인데 어떻게 창업자와 같은 기업가정신을 가진 인재를 양성할 것인가가 과제로 떠오릅니다. 이러한 면에서 김재철 회장은 본인이 기업가로 성장해왔던 방식을 회사 직원들에게 똑 같이 요구하고 있습니다.

본인이 일반 선원이던 시절 사모아에서 외국인들을 만나 대화할 때에 화제의 빈곤으로 인해 30분 이상 이야기할 수 없는 자신을 발견하고는 '자신이 부족한 사람'이라는 각성과 그것을 극복해야겠다는 소박한 계기에서 시작된 독서가 자기 자신을 성장시켰다고 회고합니다.

향상심(向上心)[66]이야말로 그가 삶과 사업에서 치열하게 추구해왔던 핵심 가치이었습니다. 그는 더 나아지기 위해서 책을 읽었고 그 결과 현장에 적용할 수 있는 아이디어들이 샘물처럼 솟아나고, 생각하는 힘이 커지고 시대의 흐름을 읽거나 미래를 내다보는 통찰력이 생기는 것을

---

66 위와 동일 자료. 553p~555p

느꼈기 때문입니다. 그가 20대 중반의 젊은 나이로 바다를 개척하면서 10년간이나 '선상 일기'를 쓰면서 글쓰기가 생각을 체계적으로 정리해 주는 효과가 있다는 것도 알게 되었답니다. 이처럼 그는 읽기와 쓰기가 생각하는 인재를 만드는 무기라고 생각해서 회사에서 직원들의 독후 감제출을 의무화하고 논문을 제출하도록 하여 시상하는등 인재 개발이 회사 성장의 밑바탕으로 여겨 회사를 키워왔습니다.

바다에서 선장으로 살면서 스스로 겸손해졌다는 김재철 회장의 기업가정신은 '바다가 선물한 인생경영의 여덟 가지 기초' [67]에서 진솔하게 녹아져 있습니다.

1) 자신이 어찌할 수 없는 절대자가 존재한다.
2) 명확한 생사관을 갖고 반듯하게 살아야 한다.
3) 살아서 활동할 수 있는 것은 축복이다.
4) 세상에 자랑할 것은 별로 없다.
5) 삶 그 자체는 전쟁과 다를 바가 없다.
6) 움직이지 않는 자에게는 아무것도 허락되지 않는다.
7) 세상에 작고 사소한 일은 없다.
8) 사람을 움직이는 힘은 솔선수범과 희생에서 나온다.

67　위와 동일 자료. 163p~175p

(5) 셀트리온 서정진 회장

대우그룹은 사라졌지만 대우의 도전정신은 셀트리온을 잉태하여 다시 찬란하게 빛을 발하고 있습니다. 대우그룹의 모험과 도전정신을 그대로 이어받은 회사가 셀트리온입니다. "맨땅에 헤딩하기." "안 되면 되게 하라."를 그대로 빼닮았습니다. 김우중 회장에 의해 대우자동차 기획 파트의 고문으로 파격적으로 발탁되었던 서정진 고문과 대우차 기획조정실 5인방[68]이 주축이 되어 인천시 연수구청의 벤처 산실에서 1999년 11월에 창업된 '넥솔'이 셀트리온의 모체입니다.

기업가정신의 근본 바탕은 혁신과 창의성입니다. 혁신적인 방법으로 자신에게 부닥친 문제를 해결하려는 파이팅 스피릿이 서 회장의 커다란 장점입니다. 문제가 터지면 자기 자신을 사지로 몰아넣은 뒤에 그 문제에 정면으로 맞닥트리는 방법이라고 할 수 있습니다. 궁즉통(窮則通)입니다. 사람이 궁하면 어떻게 해서든 그 상황을 벗어나려고 애쓸 수밖에 없듯이 자기 자신을 그러한 사지로 몰아넣고 초인적인 방법, 기상천외한 방법으로 승부를 거는 것, 이것이 크게 성공한 기업가들이 갖고 있는 특성입니다.

'절박하면 하는 것이다. 스스로 절박하게 만들어라. 여유가 있으면 안 한다. 도망갈 구멍을 찾으면 안 된다. 스스로를 코너에 몰아넣고 단

68　"셀트리오니즘. 셀트리온은 어떻게 일하는가" 전예진 지음. 75p~79p

련시켜라'[69]

서 회장은 자기가 사업이 어려울 때에 자기에게 차용증도 없이 15억 원을 빌려준 친구가 있었답니다. 어느 날 서 회장은 부회장으로부터 내일까지 15억 원을 준비하지 않으면 회사가 부도가 난다는 보고를 듣고서는 내일 은행에 가있으라고 지시하였답니다. 치과의사인 고교동창인 친구가 병원 짓는다며 부모로부터 돈을 받았다는 이야기를 들었던 기억이 나서 바로 그 친구에게 전화를 해서는 병원 아직 안 지었으면 그 돈 나한테 보내라고 해서 돈을 받아 부도 위기를 모면했다고 합니다. 차용증도 안 받고 바로 돈을 보내준 친구나 전화 한 통으로 15억 원을 빌려달라고 부탁했던 서 회장이나 대단한 사람들입니다. 그 이후에 서 회장은 그 친구로부터 빌린 돈 15억 원 대신에 셀트리온 회사 주식 30만주 정도를 액면가로 계산해서 주었답니다. 그 친구가 개인 투자자로서는 셀트리온 주식을 제일 많이 가지고 있는데 2020년 12월 11일 기준으로 약 1,000억 원 정도라고 합니다. 서 회장은 자기가 성공할 수 있었던 것은 자기 주변에 좋은 친구들과 좋은 직원들이 많았기 때문이라[70]고 겸손해합니다.

서정진 회장은 혁신과 창의성을 가지고 자기의 사업에 활용할 수 있는 대상을 물색한 끝에 아직 간척도 되지 않은 물바다인 땅 5만 평을

---

69 "서정진, 미래를 건 승부사" 곽정수 지음. 40p
70 "서정진, 미래를 건 승부사" 곽정수 지음. 45p~46p

188　　　　　　　　　　　　　　　　　　　　　　　

아들딸 힘들지?

내어주겠다[71]며 미국의 백신 회사를 그곳으로 유치한 21세기판 봉이 김선달과 같은 사람입니다. 그는 송도시 개발 계획이 좌절되어 어려움을 겪고 있던 인천시와 아시아에 바이오 백신 생산 공장의 설립 장소를 찾고 있었던 미국 백신 회사를 연결시키는데 성공했습니다. 서 회장은 혁신과 창의성을 다른 말로 표현하면 저렴한 가격(가성비)과 단납기(신속한 대응)로 고객에게 다가가자 입니다. 그는 바이오 시밀러 분야가 당시에 한국에서는 불모지와 다름없는 분야라는 것을 알아채고 이 사업에 뛰어들기로 결심했습니다.

바이오 시밀러는 특허의 보장 연한이 지나서 누구나 해당 약품을 제조해서 판매할 수 있는 제품을 말합니다. 이른바 '복제약'입니다. 성분과 약효는 똑같지만 원래 특허를 가진 제품보다는 소비자에게 싸게 팔 수 있는 가성비가 있는 제품입니다. 바이오 시밀러 분야에서 국내 최대 업체가 셀트리온입니다.

서정진 회장의 성공 요인은 가성비입니다.

철저하게 비용을 절감해서 창출한 부가가치를 고객에게 돌려주기 위해서는 기존의 의약품보다 싸게 팔 수 있는 것들만 개발해서 싸게 파는 것이 영업 전략입니다. 초기에는 개발된 약품을 전 세계시장에 판매하는 데 있어서 유통 파트너로서 미국의 화이자와 거래했는데 그들

71 "셀트리오니즘. 셀트리온은 어떻게 일하는가" 전예진 지음. 116p~117p

의 중간 수수료율이 약값의 50% 가까이 될 정도로 너무 비싸서 최종 판매가가 비싸지는 문제들이 계속 생겼습니다. 그래서 2018년부터는 판매를 위탁판매에서 직판체제로 바꾸어서 직접 최종 소비자인 외국의 병원 영업으로 전환했습니다. 이렇게 해서 유통 비용을 15%~25%까지 낮추다 보니 회사 이익률도 올라가고 제품 가격 인하도 가능해졌습니다. 이제 전 세계에 판매망을 탄탄하게 갖추면 글로벌 제약 회사가 되는 것입니다. 한국에서는 어떤 회사도 시도해보지 못했던 것을 지금 이루어 가고 있습니다.

바이오 시밀러 회사에 걸맞게 극단적으로 효율성을 추구하기 위해 해외영업 인력도 경쟁사의 10분의 1 수준으로 유지합니다. 미래에는 아프리카의 환자도 셀트리온의 약을 부담 없이 사게 하기 위한 준비라고 합니다. 가성비와 신속한 대응으로 세계 제약 시장에서 강자가 될 꿈을 가지고 오늘도 뛰고 있습니다.

지금까지 우리나라에서 크게 성공한 기업가 다섯 분의 기업가정신을 살펴보았습니다. 성공한 기업가들을 살펴보면 공통점을 발견할 수 있습니다. 그것은 아래와 같습니다.

그들은 사람이나 사물을 대하면서 선입관이나 고정관념에 사로잡혀 있지 않고 '탁 트여있는 사람' 이라는 것입니다. 그들은 대개 개방적인 마음으로 배우려는 자세를 가지고 있습니다. 늘 연구하고 혼자 사색하는 습관이 몸에 배어있습니다. 이것은 고전의 '대학(大學)'의 가르침대로 학문하는 자세로서의 '격물치지(格物致知)'입니다. 즉 '사물의 본질을 꿰뚫는 힘을 터득하기 위해 그가 대하는 사람들과 사물에 대해 집중하는 자세입니다. 성공하는 기업가들은 모두 자기가 만나는 사람들과 사물과 자기 사업에 관해서 보통 사람들이 상상을 초월할 정도로 집중하여 그 본질을 꿰뚫어 알려고 합니다. 이러한 욕망으로 가득 차 있기 때문에 그들을 바라보면 개방적이고 천진난만하며 '탁 트인 사람'이라는 느낌을 받게 됩니다. 사물을 있는 그대로 본 모습대로 합리적이고 올바로 이해하려는 자세를 가진 사람입니다. 그래서 그들은 널리 배우려고 하며 치밀하게 질문하며 신중하게 생각하고 분별하여 조심스럽지만 확실하게 행동합니다. 대부분 결단과 행동이 빠릅니다. 그들은 자기 자신을 이 사회의 고정된 가치관에 가두어두지 않습니다. 주위의 평가를 크게 의식하지 않습니다. 자신을 주위 사람들의 평가의 굴레에 가두어두는 것을 견디지 못합니다. 그들은 개성이 뚜렷합니다. 이 책에서 다룬 유일한, 정주영, 이병철, 김재철, 서정진, 다섯 분의 삶과 회사를 경영하는 자세를 살펴보면 업종도 다 다르지만 그들은 진솔한 사람, 열정에 넘치는 사람입니다.

그들은 회사 경영을 위해 경영학에서 가르치는 대로 어떠한 전략을 실행하기보다는 '자신의 본능과 열정'을 따라간 사람들입니다. 격물치지(格物致知)의 자세를 가지고 '사업의 본질을 꿰뚫는 힘'을 터득한 대가들입니다. 대한민국에 이러한 대가들이 더 많이 배출되기를 바랄 뿐입니다.

7장

원화의 국제화가 우리가 나아갈 길이다

—
***

2021년 현재 전 세계에 기축통화국으로서의 대한민국의 존재를 알리며 '원화의 국제화'를 적극적으로 추진해야 할 때가 되었습니다.

잘생기고 건강한 청년이 중학교 시절에 입어서 이제는 작아진 교복을 꼭 낀 채 입고 거리를 활보한다면 얼마나 우스꽝스러울까요? 이처럼 우리나라는 이미 선진국으로 훌쩍 컸고 남들도 다 인정해주고 있는데 아직도 선진국이 된 자신의 존재를 받아들이지 못하고 예전의 개발도상국 시절처럼 주눅 들어있는 것은 아닌지 우리 자신을 살펴볼 필요가 있습니다.

국제사회에서 우리나라를 선진국의 일원으로 인정하는 것은 화폐와 금융 부문에 있어서도 우리에게 기대하는 어떤 역할이 있을 것입니다. 우리는 그것을 찾아내서 국제사회에 기여해야 합니다. 대한민국은 국제사회에서 중견국으로서 미국과 중국 사이의 갈등을 조정하는 조정자 역할을 감당하며 세계평화에 기여할 수 있습니다. '원화의 국제화'가 아시아의 여러 나라와 교역과 경제 협력을 더욱 촉진하는데 도움이 되도록 정책을 펴야 합니다. 패권 경쟁을 벌이는 미국과 중국 사이에서 아시아 여러 국가들이 양자 선택을 요구받는 상황입니다. 이러한 상황에서 우리는 아세안 국가들과 연합하여 국제적인 긴장을 완화하고 다 함께 어울려 살아가는 평화 체제를 구축하는 촉매 역할을 담당할 수도 있습니다. 우리나라는 '원화의 국제화'를 통해서 아시아에서 우리의 영향력을 키우면서 세계평화에 이바지하는 방향으로 정책을 구사해야 합니다.

미국이나 일본 같은 기축통화국은 자국 화폐의 통화정책이 환율에 미치는 영향이 분명해서 정책의 결과를 예측할 수 있고 통화완화를 통해서 자국 기업의 수출을 돕는다든지 할 수 있는 데 비해, 국제화되지 않은 우리나라의 원화로는 위와 같은 정책을 마음대로 집행할 수 없고 항상 달러에 영향을 받을 수밖에 없습니다. 한국은행의 통화정책이 환율에 미치는 과정에 대한 예측이 제한적인 이유가 원화가 국제화되지 못한 것 때문입니다.[72]

한국 경제는 소규모개방경제이지만 자본과 외환시장에 대한 통제가 거의 없어서 기축통화국과 비슷한 환경을 가지고 있습니다. 한국의 원

---

72 "통화정책이 환율에 미치는 영향분석과 정책적 시사점"(2018. 12. 28)
     기축통화 보유 여부를 중심으로, 대외경제정책연구원, (윤덕룡, 김소영 ,이진희) 116p~121p

화는 국제금융위기 등으로 통화충격이 발생할 경우에도 동남아시아의 여러 나라의 화폐와는 다르게 반응하는 것[73]으로 나타났습니다. 원화가 거의 기축통화국처럼 반응하고 있다는 것은 한국 경제의 체력을 국제금융시장에서 인정받고 있다고 보아야 합니다.

이와 같은 지표들은 '원화의 국제화' 시기가 무르익었다는 것을 보여줍니다. 2021년 지금이야말로 정부에서 '원화의 국제화'를 위한 로드맵을 준비하고 전 세계에 '원화의 국제화'를 천명하고 단계적으로 실행에 옮겨가야 합니다. 우선 아세안시장에서 원화의 위치를 공고히 하기 위해서 아시아지역에서 지역화폐로 무역에 적용하고, 동아시아 국가들과의 통화스와프 협정을 확대해야 합니다. 원화거래 업무를 취급하도록 해당 국가와 협의하고 또한 국내외 무역업체들에 적극적으로 원화를 사용할 것을 권고해야 합니다. 국민들이 해외여행에서도 '원화'를 사용할 수 있도록 정책을 준비해야 합니다.

이제는 우리도 통화정책이나 환율과 금리 등 중요한 정책을 수립하고 시행하는 데 있어서 선진국으로서 역할을 감당해야 합니다. 자신의 운명을 스스로 책임지고 당당히 살아가기 위해서라도 '원화의 국제화'야말로 지금 우리가 시급히 이루어가야 할 국가적인 과제이며 우리의 아들딸에게 부모로서 해줄 수 있는 가치 있는 선물일 것입니다.

---

73 위와 동일 자료. 52p~63p

우리나라가 원화를 가지고 기축통화로서의 첫걸음을 내딛는 것은 경제의 양적 팽창에 따른 경제대국으로서의 역할을 다하겠다는 국제적인 선포입니다. 원화의 국제화는 진정으로 자국 경제에 대한 자신감의 표현입니다.

우리의 원화가 국제화[74]가 되면 어떠한 이점이 있을까요?

첫째, 외환위기의 그림자에 시달리지 않아도 됩니다. 우리가 OECD 회원국으로서 사실상 자본이 개방되었지만 원화가 국제화가 되지 않은 탓에 수입의 대가로서 국제화된 통화를 지불하지 못하면 국내의 생산이 멈추어 버립니다. 기축통화가 아닌 한 우리는 수출하는 만큼만 수입할 수 있습니다. 그런데 이에 반해 원화가 국제화가 되면 그 국제화의 정도의 크기만큼의 통화정책의 자율권을 가질 수 있습니다. 따라서 원화의 국제화를 크게 키우면 키울수록 그만큼 한국은행의 통화정책이 달러와 유로 등 기존의 기축통화국의 통화정책에 대해서도 우리의 자율적인 권한을 가질 수 있게 됩니다.

원화의 국제화가 커질수록 세계시장에서 원화의 유동성이 커지므로 그만큼 우리나라의 경제영토도 커지는 효과가 있습니다. 그러므로 우선 아시아권역에서 무역 및 서비스의 결제화폐로서 만이라도 시작해야 합니다. 원화의 국제화로 하루라도 빨리 경제영토를 키워 아시아에서

---

74   "원화의 국제화와 국제통화제도(2015.8.14.)" 이 데일리 기고문 이일형 대외경제정책연구원 원장.

한국의 목소리를 내야 합니다.

둘째, 기축통화를 가진 나라[75]의 이점은 무역 및 자본거래에서의 편리함입니다. 예를 들어 미국기업들은 자국 통화인 달러를 다른 나라와의 거래에 사용하므로 환율변동으로 인한 위험에 노출되지 않습니다. 반면에 한국기업들은 늘 환율변동에 신경을 써야 하고, 환율이 하락할 경우를 대비해서 선물환 거래를 통해 환율하락의 위험을 헷지(Hedge, 대비책)해야 하는 번거로움을 겪어야 합니다. 그리고 이에 따른 비용도 감수해야 합니다. 원화의 국제화가 잘되면 잘될수록 이러한 불편함이 점점 사라지게 됩니다.

셋째, 원화의 국제화는 국채의 발행 금리를 낮추어 해외에서 낮은 금리로 자본조달을 받을 수 있습니다. 물론 이것은 튼튼한 자국 경제의 체력을 외국의 중앙은행과 기관투자가들로부터 인정받을 경우에 가능한 이야기이기는 합니다. 전 세계 중앙은행이 전체 외환보유고의 65%를 달러화로 보유하고 있습니다. 미국이 엄청난 재정 적자와 경상수지 적자에도 불구하고 자유롭게 통화정책을 펼치는 이유는 각국의 중앙은행과 기관투자가들의 미국 국채매수 수요가 지속되기 때문입니다. 미국은 이러한 국채 매수세에 힘입어 채권금리를 아주 낮은 수준으로 유지할 수 있습니다. 이처럼 우리도 우리의 경제체력을 바탕으로 원화를 국제화하여 낮은 금리로 해외자본을 조달받아 생산성 향상과 4차

75 "원화의 미래" 홍춘욱 지음 203p~207p

산업혁명에 맞추어서 전 국민을 업그레이드 하는 직업훈련과 평생교육 등에 투자할 수 있습니다. 이렇게 되면 1인당 GDP 8만 달러의 미래 한국도 달성할 수 있습니다.

넷째, 원화의 국제화는 수출업체의 영업에 교섭력을 증대시키고 환위험을 제거할 수 있습니다. 원화의 국제화는 우리나라의 경제영토를 넓히는 것이고, 경제영토를 넓히면 넓힐수록 외교 등 국제관계에서도 주요국가로서의 발언권이 높아집니다. 다시 말해서 외교가 쉬워집니다.

다섯째, 원화의 국제화는 국내시장의 인플레이션 압력을 낮추어 통화당국의 물가안정 정책이 수월해지는 이점도 있습니다. 아세안 지역에서 원화의 유동성이 증가하면 원화로 거래되는 만큼의 달러 국내유입이 감소되므로 경상수지 흑자를 줄이게 됩니다. 경상수지 흑자가 줄어들면 이에 따라 국내시장의 인플레이션의 압력도 일정 부분 낮아지게 됩니다. 그만큼 우리나라 통화 당국의 물가안정이 쉬워집니다. 이처럼 원화의 국제화는 대한민국을 선진국으로서 공고히 하는데 디딤돌이 됩니다.

8장

자본주의와 사회주의
어느 체제가
한국을 더 살기 좋은 나라로
만들 수 있나?

프랑스의 대표적인 소설가 앙드레 지드[76]는 사회주의자이었습니다. 1936년에 그의 절친인 러시아 작가 막심고리키가 위독하다는 소식을 듣고 소련에 갔다가 경악했답니다. 왜냐하면 그가 방문했던 소련의 가정들은 어느 집이나 모두 똑같이 초라한 가구들과 스탈린 초상이 걸려 있었기 때문입니다. 그것을 본 앙드레 지드는 말하기를

"인간을 외부의 힘으로 단순화하거나 획일화하려고 시도한다면 그 일은 인간의 삶을 파괴하는 희극이 될 것이다."라고 말하며 사회주의와 영원히 결별했답니다.

모두가 꿈꾸는 자유롭고 평등한 이상적인 사회는 공산주의나 사회주의가 아닙니다. 그나마 불완전하지만 자본주의가 그 이상을 실현하는

---

76 "사회주의는 왜 실패 하는가" 최승노 지음. 79p~80p

데에 가장 가까운 제도입니다.

　인간은 누구나 남보다 더 잘살고 싶은 경쟁심과 내 것을 우선 챙기고 싶은 이기심을 가지고 있습니다. 자본주의는 이러한 인간의 타고난 욕망을 강한 성장 동력으로 활용하는 가장 합리적인 제도입니다. 그러므로 대부분의 사람에게 지지받아 지속적으로 발전해 왔습니다.

　자본주의의 정의는 넓은 의미로는 개인의 자연스러운 욕구를 인정하여 자아실현과 성공하고자 하는 욕망으로 노력한 사람들에게 경제적인 보상이 돌아가도록 하는 제도입니다. 소득은 타인을 이롭게 한 대가입니다. 타인을 이롭게 해서 얻은 대가를 자기 마음대로 처분할 수 있는 권리를 인정하는 것이 자본주의의 핵심입니다.

　경제학의 아버지[77]라 불리는 애덤 스미스는 '국부론'에서 말하기를

　"모든 개인은 자신이 자유롭게 처분할 수 있는 모든 자본을 가장 큰 이득이 되도록 이용할 수 있는 방안을 찾아내려고 끊임없이 노력한다. 그가 목표로 하는 것은 자신의 이득이지 사회의 이득이 아니다. 그러나 자신의 이득에 관한 연구를 통해 그는 자연스럽게, 오히려 필연적으로 사회에 가장 이득이 되는 이용방안을 선호하게 된다."

　결국은 모든 사람이 자신의 이익을 추구하는 가운데 의도하지 않

77　"자본주의, 오해와 진실" 권혁철, 민경국, 안재욱, 전용덕, 황인학 지음. 174p

206

아들딸 힘들지?

았던 결과, 즉 사회의 이익도 증진시키는 과정을 시장의 '보이지 않는 손'이라고 표현했습니다

결국은 사회를 발전시키는 것은 공익을 위한다는 명분이나 정책보다도 개인의 사적인 이익의 추구라고 주장했습니다.

반면에 사회주의는 타인을 이롭게 해서 얻은 소득을 전부 국가에 귀속시키고 국가로부터 정해진 배급을 받는 사회입니다. 여러분은 어느 제도를 선택하시겠습니까? 국가가 대부분의 생산도구를 장악하는 사회주의국가는 국민이 아니라 독재자와 그의 측근들의 행복만 추구하게 되는 것을 역사에서 수도 없이 보아왔습니다. 나머지 국민들은 노예일 따름입니다. 막스주의자들의 계급 없는 평등사회 건설 역시 이루지 못할 꿈에 불과하다는 것이 미국과 소련의 냉전을 거치면서 분명해졌습니다.

아프리카 국가들이 1960년대에 독립하면서 자유민주주의를 거부하고 사회주의를 채택한 결과 지금까지도 빈곤에 시달리며 사회주의 독재자들은 부정부패와 횡령으로 거부가 되어있습니다.

아프리카의 콩고민주공화국은 나라의 총부채가 70억 달러인데 악명 높은 정치인 모부투 세세 세코[78]라는 자의 부정축재한 개인재산이 무

---

78 "사회주의는 왜 실패하는가" 최승노 지음. 103p

려 100억 달러이었다고 합니다. 그러니까 이 독재자가 부정축재만 하지 않았더라도 콩고는 부채가 없는 건전한 재정을 가진 나라가 될 수 있었다는 이야기도 됩니다. 사유재산을 인정하지 않고 모든 생산도구를 국유화하여 성장 동력을 뿌리째 뽑는 것이 공산주의자들의 참모습입니다. 사회적인 부와 명예와 권력은 지배층의 몫이며 민중의 인권은 제한당하고 감시당하고 통제와 강요로 가난과 억압으로 노예 같은 삶을 살 수밖에 없는 것이 사회주의의 실상입니다.

사회주의란 애초에 불가능한 망상에 지나지 않습니다. 왜냐하면 인간의 본성에 거스르기 때문입니다. 사람들은 본래 이기적이고 자기중심적인 존재이므로 자기 개인에게 이익이 되지 않는 일에는 최선을 다하지 않는 본성이 있습니다. 따라서 정책을 수립하고 추진할 때에도 개인의 욕심을 만족시킬 수 있는 내용이 포함되지 않으면 대부분 실패합니다. 일할 동기를 주지 않는 경제체제는 미래가 없습니다. 공산주의, 사회주의, 전체주의가 그렇습니다.

북한 11세 남자아이 평균 키 125센티미터, 몸무게 23킬로그램,
남한 11세 남자아이는 144센티미터, 39킬로그램입니다.[79]
북한 어린이의 영양 상태가 심각함을 알 수 있습니다.

공산주의가 쳐들어간 나라치고 국민의 건강이 망가지고 수명이 단축

79 "사회주의는 왜 실패하는가" 최승노 지음. 142p

아들딸 힘들지?

되지 않은 나라가 없습니다. 모두가 골고루 잘사는 세상이란 실제로 존재하지 않는 신기루에 불과합니다. 독재자와 그 측근을 빼고는 모두를 거지와 노예로 만드는 것이 사회주의입니다.

착취적 경제제도[80]의 북한과 포용적 경제제도의 남한은 사람들에게 동기를 부여하는 인센티브가 다릅니다. 궁핍하게 자란 북한 청소년은 숙련기술자를 꿈꿀 만큼 진취적인 기상이나 창의력도 부족하고 교육도 충분히 받지 못했습니다. 학교 교육이라고 해봐야 정권 정통성을 지탱하려는 체제선전이 거의 전부이고 한창 젊은 나이에 10년씩이나 군대복무를 강요당합니다. 이러니 남북한의 경제력 격차는 더욱 심화될 뿐입니다.

중앙집권적 사회주의 계획경제는 근로자의 일하는 기쁨과 보람을 빼앗고 노동생산성을 떨어뜨려서 결국 최선을 다해 일하지 않으므로 다같이 가난하게 됩니다. 달콤한 말로 국민을 현혹하고 정권을 휘어잡으며 경제를 철저히 통제하는 사회주의의 시도를 통해 독재정권을 합리화시키고 국민을 집단의 노예로 전락시킨 전체주의가 바로 나치즘과 파시즘이었습니다. 히틀러는 자살로 생을 마감했듯이 대부분의 사회주의 독재자의 말로는 비참했습니다. 그들은 사람의 본성을 제대로 이해하지 못했고 그것을 받아들이지 못했기 때문입니다.

사람들에게서 자유와 자기결정권을 빼앗아 가면 빼앗아간 바로 그

---

80 "국가는 왜 실패하는가" 대런 애쓰모글루/ 제임스A 로빈슨공저. 113p~118p

사람은 비극적인 결말을 맞이한다는 것이 역사의 가르침입니다.

그렇다고 해서 자본주의가 만능의 해결책은 아닙니다. 이 제도도 불완전합니다만 현재까지 이보다 더 나은 제도가 없기에 자본주의가 존재합니다. 각 나라가 처한 상황과 사회의 형편에 따라 조금씩 다를지언정 기본적으로 국민 각자가 자기 생명을 지키고 자유롭게 살고자 하는 욕구를 인정하는 한 자본주의는 계속해서 더 나은 모습으로 발전해가고 자본주의의 모순인 빈부격차도 점점 해소되는 방향으로 나아갈 것입니다.

한 걸음 더 나아가서 이러한 자본주의의 토양 위에 자유민주주의가 꽃을 필 수 있습니다. 몇 년 전에 어떤 사람들이 헌법 4조에 명시된 "대한민국은 통일을 지향하며 자유민주적 기본질서에 입각한 평화적 통일 정책을 수립하고 이를 추진한다."에서 '자유'라는 단어를 빼려고 시도했다가 국민적인 반대에 부딪히자 슬그머니 꼬리를 내린 적이 있었습니다. 헌법에서 '자유'를 왜 굳이 빼려고 했을까요? 자유를 빼고 사회주의로 바꾸어가려는 사전작업이 아니었을까요? 이것을 획책한 무리들이 흔히 말하는 좌파들이라면 그들의 발상은 자유민주주의 국가인 대한민국의 정체성을 바꾸려는 지극히 위험한 발상이며 그렇게 시도했던 자들을 색출하여 처벌해야 합니다. 그리고 그러한 자들이 대한민국에서 발을 붙이지 못하도록 항상 전 국민이 눈 부릅뜨고 감시해야 합니다.

대한민국을 자유민주국가에서 사회주의국가로 바꾸려고 시도하는 세력들이 이 나라의 안보에 가장 위협적인 존재입니다. 그들의 잘못된 사상을 바로잡고 튼튼한 안보의식을 바탕으로 해서 자유민주주의의 대한민국을 지켜나가야 합니다.

우리나라는 지금부터 20년 이내에 그러니까 2040년이 되기 전에 세계에서 선진국으로서 다섯 손가락 안에 들어갈 것입니다. 그냥 GDP가 높은 선진국이 아니라 세계에서 중산층 비율이 가장 많은 나라가 되어 빈부격차를 최소화하고 대부분 국민이 중산층 이상의 삶을 누리는 나라가 되도록 할 수 있습니다. 전 세계에서 한국에 와서 살고 싶어 하고 한국기업과 거래하고자 길게 줄을 서고, 한국 관광 패키지가 불티나게 팔리는 나라가 될 수 있습니다.

예전에 미국이 전 세계 유학생들을 블랙홀처럼 빨아들여 초강대국이 되었던 것처럼 가까운 장래에는 한국의 대학으로 몰려드는 외국 유학생들과 인재들이 차고 넘치는 사회가 되도록 지금이야말로 온 국민이 관심을 가지고 다 함께 힘을 모을 때입니다.

전 세계 사람들에게 반도체, 정보통신, 휴대폰, 전기차, AI, 한류 문화와 콘텐츠, 드라마, 영화에서 소프트 파워 강국인 한국의 장점을 분명히 보여줍시다. 그리고 인공지능을 활용한 6G 통신과 교육 분야와 생명과학 분야에서, 조선 해양과 중공업 분야에서, 뒤따라오는 개발도상국들을 지원하고 협력하면서 공존 공영하는 국가가 됩시다. 이러한 나라가 되려면 어떻게 해야 할까요?

간단합니다. 모든 국민이 나라의 발전에 깊은 관심을 가지고 관계자들에게 따뜻한 격려와 박수를 쳐준다면 온 세계가 부러워하는 첨단 선진강국으로서 다 함께 번영하는 세계를 만드는데 일조할 수 있습니다. 대한민국의 장래는 아주 밝습니다. 이러한 사회를 만들어 우리의 아들 딸에게 선물로 물려줍시다.

9장

나의 성장 시절

—

***

저는 경기도 화성시 향남읍 장짐리에서 태어났습니다. 장짐리는 발안 읍내에서 약 2킬로미터 정도 떨어진 곳으로 화성중학교의 뒤편 야트막한 산자락 아래에 100가구도 안 되는 조그마한 마을입니다. "장 씨네 집이 많은 동네"라는 뜻의 장짐리(장짐리)는 인동장씨 태상경공파(경파)의 일파가 모여 살던 집성촌입니다.

마을 뒤의 선산에 십여 대조의 윗대 조상들의 분묘가 있는 것으로 보아 조선 초기 이후부터 이곳에 정착하지 않았나 생각됩니다. 저의 조부(장경수)는 삼 형제 중에 막내로 농사를 지었습니다. 조부는 1남 5녀를 두었는데 딸을 넷을 두고 나서 다섯째로 얻은 아들이 저의 아버지(장준환)입니다. 아버지는 딸 많은 집안의 외아들로서 유복하게 자라 농사일에는 전혀 관심도 없고 편하게 학교에 다니며 유유자적한 생활을 하였습니다. 대학에서는 토목공학을 전공하였으나 주로 친구들을 만나 한량처럼 소일하며 고향에서 지역선거에도 출마하는 등 활동하였지만 낙선하여 가세는 많이 기울어졌습니다.

저는 5남 1녀 형제 중에 셋째이며 차남으로 태어났습니다. 농사에도 뜻이 없고 가세가 기울어진 상태에서 아버지는 농토를 팔아 빚을 청산하고 제가 네 살 때에 가족 모두 서울 빈민촌인 종로구 창신동으로 이사했습니다.

변변한 직장이 없이 줄줄이 딸린 자식들을 데리고 서울 살림을 시작한 저의 부모는 하루하루가 생존을 위한 사투 그 자체였습니다. 이미 40대 초반인 아버지는 번듯한 직장으로 취업한다는 것은 언감생심이었습니다. 대학에서 토목공학을 전공한 이력뿐인 아버지는 지인 중에 한 분이 서울시청의 토목과장으로 근무하고 있었는데 그분의 소개로 건설업체의 길거리 도로포장공사의 현장감독일을 하였습니다. 그 일도 꾸준히 할 수 있는 것이 아니어서 일할 때 보다 쉬는 날이 더 많았습니다. 선비 같으셨던 아버지는 생활력은 약했지만 다정다감한 분이었습니다. 아버지는 항상 읽을거리를 손에 놓지 않았고 위인들의 삶에 대해 이야기하는 것을 좋아하였습니다.

제가 초등학교 어느 겨울방학 때에 아버지와 함께 고향에 갔었는데 친척집 사랑방의 화롯불에 둘러앉아 아버지의 재미있고 실감 나는 김유신 장군 이야기를 들으면서 즐거워하는 동네 어른들의 모습을 보며 아버지가 멋져 보였습니다. 저의 어린 시절의 창신동 낙산꼭대기에는 전기도 들어오기 전이라 호롱불을 켜고 지냈습니다. 이른 저녁을 먹고 가족 모두 자리에 누워 아버지의 재미있는 이야기듣기를 좋아했습니다. 김유신 장군, 이순신 장군, 전우치전, 홍길동전에 대해 실감나고 흥미진진한 아버지의 이야기를 들으며 종종 잠들기도 했었습니다.

아버지는 좋은 분이었지만 가족이 배가 고픈 것은 어쩔 수 없었습니다. 한창 인조 가발 수출이 성행했던 시절에는 어머니가 머리카락을 모아 파는 장사도 하였고 골동품이 유행이던 시절에는 부모님이 시골 이곳저곳을 다니며 골동품을 사서 인사동에 내다파는 일도 하였습니다. 온 가족이 밤늦도록 모여 앉아 봉투붙이는 일을 하기도 했습니다. 아무튼 온 가족이 굶지 않으려고 필사적으로 매달렸으므로 저도 초등학교 3, 4학년부터 중학교 2학년까지 방학 때에는 늘 돈 벌러 다녀야 했습니다. 아이스케키 파는 장사부터 시작하여 신문팔이, 껌이나 엿을 팔고, 비가 올 때에는 우산도 팔고 신문배달도 하였습니다.

1968년 1월 21일 북한 무장공비일당의 청와대 습격사건이 일어났을 때에도 광화문 동아일보사 앞에서 시민들에게 호외를 나누어주었던 기억이 납니다. 그 당시에 광화문의 신문팔이들은 동아일보사 정문에서 신문을 받아다 전달해주는 총무에게 사전에 자기가 필요한 부수만큼 신청하여 대금을 선불하고 신문이 나오면 총무에게서 신청한 부수를 배급받게 됩니다. 저는 총무에게서 신문을 받자마자 재빠르게 다방이 많은 거리로 내달렸습니다. 많은 신문팔이들 중에 누가 먼저 달려가서 다방에 있는 손님들의 손에 신문을 쥐어주느냐의 승부였기 때문에 부지런히 뛰어다니면 하루 일당을 버는 일이 어려운 일은 아니었습니다.

그 당시 석간신문으로서 가장 인기 있던 신문은 《동아일보》이었고 그 다음으로 《중앙일보》, 《경향신문》, 《대한일보》, 《신아일보》, 《서울신문》 순이었습니다. 그때에 《조선일보》와 《한국일보》는 조간신문이었습니다. 서울 종로 광화문일대의 다방에는 수많은 사람들(브로커라는 사장님들)이 하루 종일 다방에 포진하고 있어서 비즈니스 거래를 주선하고 사업기회를 얻으려고 경쟁하던 시절이었습니다. 휴대전화가 없던 시절이었으므로 사업상담은 유선전화로 연락이 가능한 다방에서의 만남이 일상적이었습니다. 하루 종일 다방에 죽치고 앉아있던 사람들이 많았고 그 사장님들은 다방마담이나 레지(여자종업원)의 눈총에 하루에도 몇 번씩 커피를 시켜야하는 경우도 다반사였습니다.

그 사장님들에게 있어서 신문은 세상물정과 새로운 사업정보를 얻을 수 있는 유일한 매체이었기 때문에 다방에서 신문은 잘 팔렸습니다. 어떤 고객들은 제일 먼저 《동아일보》를 사서 신문을 접거나 하지 않고 깨끗한 상태로 다 읽고 나서 저에게 《중앙일보》나 《경향신문》과 바꾸자고 하여서 종종 바꾸어주기도 하였습니다. 손님이 다 읽고 났지만 접거나 낙서하지 않은 깨끗한 《동아일보》를 받고 그 대신에 손님에게 잘 팔리지 않는 신문으로 바꿔주는 것은 좋은 거래였습니다. 덜 팔리는 , 신아일보 보다 잘 팔리는 《동아일보》를 갖고 있는 것이 신문팔이에게는 이득이기 때문입니다.

신문을 팔다가 갑자기 소나기라도 후두둑 떨어지면 신문이 비에 젖게 됩니다. 그런데 이때에도 살길이 있습니다. 신문팔이 형들을 따라

220

재빠르게 비닐우산 도매상으로 달려갑니다. 당시에 종로, 명동 골목에는 비닐우산 도매상이 있어서 그곳에 가서 신문을 맡겨두고 비닐우산을 떼어다가 파는 것입니다. 갑자기 소나기가 쏟아졌으므로 난감하게 된 행인들에게 부지런히 뛰어다니면 하루 일당벌이로 충분했습니다.

아무튼 광화문과 종로, 명동거리, 동대문의 수많은 다방을 들락거리며 신문을 팔아서 번 돈을 가지고 창신동 꼭대기 무허가 판잣집으로 귀가하던 일이 초등학교 어린 시절 방학기간의 저의 일상이었습니다. 그렇게 지내면서도 저는 불행하다고 생각하지 않았습니다. 물론 방학기간에 동네친구들과 함께 뛰어놀 수 있는 시간이 없다는 것이 불만이기는 했어도 가족을 위해 돈을 버는 일은 당연히 해야 할 일이라고 생각했습니다.

저는 서울 창신 초등학교 출신입니다. 1970년 6학년 봄 어느 날에 담임선생님이 저의 학급 학생들을 학교 운동장으로 나가라고 하셨습니다. 우리학교 재학생수가 1만명을 넘어 세계에서 제일 큰 초등학교가 되어서 어린이 잡지사에서 사진촬영과 취재가 나왔다는 것입니다. 이게 무슨 자랑거리라고 친구들과 함께 운동장으로 나가서 사진사 앞에서 폼 잡고 웃으면서 장난치던 기억이 납니다. (1970.4.1 현재 122학급, 재학생 수 10,166명)

베이비붐세대로 태어나 창신동 낙산꼭대기 무허가 판자촌에서 자라며 2부제, 3부제로 한학급당 80명의 콩나물 교실에서 배우는 동안 가난을 그저 덤덤하게 받아들이던 그러한 시절이었습니다.

청량중학교에 입학했습니다. 중1 때에 신문배달도 한 적이 있었는데 창신동 시민아파트의 한 고객이 더 이상 신문을 넣지 말라고 하여 신문보급소의 소장님께 보고했더니 고객이 뭐라고 하든지 신문을 계속 넣어야한다고 막무가내로 우기셨습니다. 저는 중간 입장에서 이러지도 저러지도 못하는 상황에서 그 집 문에는 차마 신문을 밀어 넣을 수가 없었고, 문 옆에 빗살모양의 창틀이 보이 길래 그곳으로 밀어 넣었습니다. 한 달이 지나 신문대금을 받으러 갔더니 그 고객은 크게 화를 내며 문을 열고 집안을 보여주었는데 제가 신문을 밀어 넣은 곳은 바로 욕조이었고 결국 모든 신문을 물 가득한 욕조에 던져 넣은 결과가 되어 버렸습니다.

중2 때에는 한 학기 등록금이 밀려서 어머니가 담임선생님께 호출당하셨습니다. 호출하신 담임선생님 앞에서 어머니는 "저희는 지금 아들의 등록금이 문제가 아니라 온 가족이 끼니 걱정을 하고 있다."고 하시면서 목을 놓아 우셨습니다. 그러면서 이번 한번만 도와달라고 도리어 담임선생님께 사정을 하시는 게 아닌가요. 우시는 어머니를 보자 담임선생님이 당황하신 나머지 자신이 등록금을 대신 내주겠다고 하시면서 어머니를 달래셨습니다. 이러한 상황에서 저 자신이 아무것도 할 수 있는 것이 없다는 사실에 스스로 커다란 충격이었습니다.

담임선생님은 학급에서 학기 말 시험성적표를 나눠줄 때에 성적순으로 10등 아래의 학생들은 그냥 나눠주고 상위권 10명은 10등부터 1등까지 차례로 한사람씩 이름을 불러가면서 친구들의 박수와 함께 성적표를 주시면서 칭찬해주셨습니다. 거기에 다행히 저의 이름이 들어있었고 선생님이 가장 기뻐하셨습니다. 나중에는 저를 따로 불러 가정형편이 어렵다고 기죽지 말고 더 열심히 공부하라며 격려해주셨습니다. 고맙고 훌륭하신 선생님의 격려에 힘을 얻어 잘못된 길로 빠지지 않을 수 있었던 것 같습니다.

중3이 되었어도 가정형편은 크게 나아지지 않았습니다. 제 밑으로 3명의 남동생들이 중1, 초등학교 5학년, 막내가 4살이었습니다. 가정형편을 잘 아시는 담임선생님이 인문계 고등학교보다 공업계 고등학교로 진학해서 합격하면 3년간 등록금면제 장학생으로 다닐 수 있다고 하시면서 유한공고를 추천해주시었습니다. 그래서 유한공고에 지원하여 합격했습니다.

장학생으로 고교 3년을 다니는 동안 부모님이 얼마나 좋아하셨는지 모릅니다. 없는 살림에 저에게 학비가 들어가지 않으니까 대신에 동생들을 가르칠 수 있었기 때문입니다. 고교 3년을 장학생으로 보내며 가장 감사드릴 분은 고 유일한 박사님입니다. 그분이 미국에서 숙주나물 통조림 캔 사업으로 큰돈을 번 다음 한국에 오셔서 유한양행이라는 제약회사를 차리고 국민건강을 위해 애쓰셨을 뿐 아니라 가난한 학생들이 학비가 없어 학업을 지속하지 못하는 것을 보고 유한공고를 설립하셨습니다.

유한양행에서 얻은 수익에서 가난한 학생들에게 장학금을 주셨습니다. 그분은 세상을 떠나시며 회사재산을 100% 사회에 환원하셨습니다. 당신의 딸과 아들이 있었음에도 가족에게 회사를 물려주거나 흔히 하듯이 재단을 만들어 관리하거나 하지도 않으셨습니다. 특히 자기 아들에게는 너는 대학을 졸업시켰으니 스스로의 힘으로 살아라 하시면서 한 푼도 도와주지 않았다는 사실은 정말로 충격입니다. 그분의 유지를 받들어 유한양행은 지금까지도 국민들에게 사랑받는 국민 기업이 되었습니다. 제가 사회에 나와서 살다 보니 그분이 살아오신 발자취와 고귀한 인격에 저절로 머리가 숙여집니다. 유일한 박사님을 정말로 존경합니다.

엔지니어가 되는 꿈을 이루기 위해 고등학교를 졸업하고 재수해서 한양대학교 기계공학과에 입학했습니다. 2학년 2학기가 되어서 중간에 휴학하고 군 입대하는 친구들이 많았는데 저는 리더십도 기를 겸해서 장교로 입대해야겠다고 마음먹고 학군장교를 지원했습니다. 대학 졸업 후 학군 20기 병기장교로 임관되어 군수사령부 예하 부대에서 28개월간 근무했습니다.